挑战与反思

大规模在线课程（慕课）的理论与实践

阚维 ◎ 著

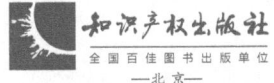
—北京—

图书在版编目（CIP）数据

挑战与反思：大规模在线课程（慕课）的理论与实践/阚维著. —北京：知识产权出版社，2023.1
ISBN 978-7-5130-8337-9

Ⅰ.①挑… Ⅱ.①阚… Ⅲ.①远程教育—研究 Ⅳ.①G43

中国版本图书馆 CIP 数据核字（2022）第 159448 号

责任编辑：国晓健　　　　　　　　　责任校对：潘凤越
封面设计：臧　磊　　　　　　　　　责任印制：孙婷婷

挑战与反思
——大规模在线课程（慕课）的理论与实践
阚　维　著

出版发行：	知识产权出版社有限责任公司	网　　址：	http://www.ipph.cn
社　　址：	北京市海淀区气象路 50 号院	邮　　编：	100081
责编电话：	010-82000860 转 8385	责编邮箱：	guoxiaojian@cnipr.com
发行电话：	010-82000860 转 8101/8102	发行传真：	010-82000893/82005070/82000270
印　　刷：	北京虎彩文化传播有限公司	经　　销：	新华书店、各大网上书店及相关专业书店
开　　本：	787mm×1092mm 1/16	印　　张：	10.5
版　　次：	2023 年 1 月第 1 版	印　　次：	2023 年 1 月第 1 次印刷
字　　数：	165 千字	定　　价：	69.00 元
ISBN 978-7-5130-8337-9			

出版权专有　侵权必究
如有印装质量问题，本社负责调换。

序 言

当前，教育教学方式的突破和变革已经成为教育发展的必需，是全球化背景下国家竞争的一个方面，也是学校人才培养模式面临现实挑战的必然回应。自 2012 年开始，慕课带来一种新的学习方式，它发端于国际名校，几年来引得众多高校追随，并以便捷高效、趣味性强、适应个性化学习的特性赢得了世界千千万万求知者的喜爱，引发了课堂的"反转"。慕课给传统高等教育带来巨大冲击的同时，似乎为大学打开了一扇更宽广的教育之窗，一度被认为必将带来人才培养理念的改革以及教育教学方式方法的转变。其背后的逻辑在于：慕课基于对"学习大数据"的分析，全面跟踪和掌握每个学生的个性特点、学习行为，开展针对性教学服务，因材施教，必将大幅度提升人才培养质量。

在慕课发展的十年时间中，应该看到，尽管慕课被高等教育寄予了极高的期望，并且在实践中衍生出翻转课堂、混合式教学等新的教学模式，也在一定程度上改变了高校传统的授课方式，但是对于高校的课堂教学来说，其实际影响力远远没有当初预期的那样带来颠覆式的变革。

在慕课学习的大数据中，有一个现象非常值得注意，即在巨量的课程注册人数中，能够完整地学完一门课程并获得证书的学习者只有寥寥数百人。这一方面是因为课程的"高门槛"：名校课程的难度意味着"开放"并不一定适合所有的学习者；另一方面是因为网络学习要求学习者有很强的自主学习能力。大量研究表明，网络学习的成绩与学生的自主学习能力有着非常密切的关系。因此，真正能完成课程的都是一流的、优秀的大学生。

为何在传统课堂学习中的佼佼者,仍然是慕课学习的胜利者?慕课学习明明为学习者提供了传统课堂学习前所未有的条件:相对充分的时间、海量的参考资料、同伴群体的互助以及开放式的评价环境……但是这些条件都未能成为学习者获得超越传统课堂学习效果的必胜法宝。

我国的慕课课程经过十年的发展,一度被认为会对高校教学或者社会学习产生革命性影响,实际上其耀眼的光环却在逐渐褪去。现实中的问题并不是突然从天而降,而是在慕课发展过程中逐渐形成并积累起来的。为了找到促进慕课发展的应对方法,必须追根溯源,探索产生这些问题的根本原因和内在机理,并且据此建立起研究现实问题的可靠分析框架。只有按照科学的方法弄清楚相关的基本问题,才能对在此基础上产生的现实问题给出正确的诊断和处方。遗憾的是,多数有关慕课的研究较少从认知方式的角度深入分析当前慕课学习的症结所在。虽然慕课的外显特征表现为互联网业态前沿的最新成就,其内核却与传统的教学过程有许多一致之处:授课、讨论、反馈、作业、考试等,无一不是传统课堂教学的组成部分。慕课与传统教学的差异即二者发生在不同的物理空间当中,将传统课堂体现的"人与人面对面交流"转变为慕课的"人与人依赖互联网相互交流"。这种转变的背后,需要的是对慕课的设计、实施和评价系统的综合变革,而且随着代际儿童、青少年和成人对互联网的熟悉、依赖程度加深,"人与人依赖互联网相互交流"将处于未来教育的核心地位。

这是一个长期的历史性变革过程。中国的高等院校不仅需要在全球化的背景下,通过技术的升级和改造,以迭代发展的方式跻身世界先进教育行列,更重要的是要避免照搬国外的一些概念而只将原来国内的电视远程教育改头换面一下,"打造"成一个慕课学习大国。慕课带来的高等院校教学变革的背后,需要的不仅是变革课程的内容、教学方式、组织模式,更重要的是促进学生在慕课学习过程中认知方式的变革,以此实现对教育的"革命性的变革"。本课题研究的一个重要发现是,只有改变学生的认知方式,中国本土化的慕课才能从根本上闯出一条新路。

这是人类教育面临的一次历史性发展机遇,我们要从历史的、战略的高度,充分认识和重视这一次教育变革。在深刻理解这一历史性变革的基础上，从推广中国文化价值观、营造国家"软实力"的高度上，制定中国自己的"互联网教育"发展战略。

本书系教育部人文社会科学研究一般项目"知识内化机制视角下的大规模网络开放课程（MOOC）对学生学习方式的影响研究"（项目编号为14YJA880027）的研究成果之一。课题组成员杜霞副教授撰写了第三章，卢立涛副教授撰写了第四章部分内容。

目 录

第一章 大规模在线教育的发展脉络 ………………………… 1
  一、慕课的勃兴 ………………………………………… 1
  二、慕课勃兴的背后 …………………………………… 5

第二章 知识内化的基础：知识观 …………………………… 23
  一、知识的价值与内涵 ………………………………… 24
  二、知识获取能力的内涵 ……………………………… 28
  三、知识获取的过程及其理论支撑 …………………… 33
  四、知识获取过程机制对慕课课程设计的影响 ……… 45

第三章 知识分享在知识内化过程中的作用 ………………… 49
  一、知识内化与慕课学习 ……………………………… 50
  二、知识内化对个体认知的影响 ……………………… 53
  三、知识分享对知识内化的影响 ……………………… 56
  四、知识分享过程对慕课的促进机制 ………………… 64
  五、慕课课程与教学过程中的知识分享行为 ………… 66
  六、慕课课程与教学设计中的知识分享意愿 ………… 77

第四章 知识内化理论对慕课课程设计的启示 ……………… 89
  一、主流慕课课程设计存在的问题 …………………… 89
  二、知识内化视角下的慕课课程设计 ………………… 91

三、知识内化指导下的慕课课程理论 …………………… 94
四、知识内化理论在慕课课程设计中的运用 …………… 96
五、慕课课程设计过程中知识分享的障碍 ……………… 101

第五章 知识内化理论在慕课教学设计中的应用 …………… 105
一、知识分类方法在慕课教学中的应用 ………………… 105
二、前概念与慕课教学设计 ……………………………… 108
三、元认知与慕课教学设计 ……………………………… 124
四、知识内化、元认知与学习成效的关系 ……………… 126
五、研究方法和研究过程 ………………………………… 130
六、研究结果与讨论 ……………………………………… 138

参考文献 …………………………………………………………… 149

第一章　大规模在线教育的发展脉络

一、慕课的勃兴

慕课是英文"Massive Open Online Course"的简称MOOC的音译，也写作MOOCs。其中，"Massive"意为大规模的，"Open"是开放之意，"Online Course"即为在线课程，"MOOC"直译是"大规模网络开放课程"。对于"大规模网络开放课程"或者"慕课"这一概念，维基百科是这么解释的："大规模网络开放课程"（慕课）是指那些由参与者发布的课程，这些课程材料散布于互联网上。只有当课程是开放的，它才可以称为慕课，只有这些课程大型的或者"大规模"的，它才是典型的慕课。慕课从一开始就不是简单地把课堂教学内容搬到网络上去，而是一种以"免费"学习方式吸引学生，由知名高校首先开设的开放性明显的异步网络课程。也正是这样的发展特点，使得慕课这一迥异于高等教育在校课程学习方式的变革，一度被认为"这场在美国发起的大规模开放在线课程，其运作模式已在根本上开始触动传统高等教育的根基，将引起大学的重新洗牌，最终形成全新的大学格局"[1]。

慕课是以联通主义理论和网络化学习的开放教育学为基础的。参与慕课的学习通常是免费的，但如果学习者试图获得某种认证的话，则一些大

---

[1] 张男星，饶燕婷. "慕课"（MOOCs）带给中国大学的挑战与机遇：访上海交通大学校长张杰[J]. 大学：研究，2014，9（1）：4-15.

规模网络开放课程可能会收取一定学费。尽管这些课程对学习者通常并没有特别的要求,但是所有的慕课都会以每周研讨话题的形式,提供一个大体的时间表;其余的课程结构也是最小的,通常会包括每周一次的讲授、研讨问题,以及阅读建议等。

作为大规模的网络开放课程,慕课是为了增强知识传播而由具有分享和协作精神的个人组织发布的、散布于互联网上的开放课程。就字面意思来理解,慕课具有几个特点:

(1) 大规模的——不是个人发布的一两门课程;
(2) 开放课程——尊崇创用共享协议;
(3) 网络课程——不是面对面的课程。

慕课虽然兴起只有十年的时间,但是有一个不短的孕育发展历程。慕课最早可追溯到20世纪60年代,1962年,美国发明家和知识创新者道格拉斯·恩格尔巴特(Douglas Engelbart)在一项名为《增进人类智慧:斯坦福研究院的一个概念框架》的研究计划中,强调了将计算机作为一种增进智慧的协作工具来加以应用的可能性。也是在这个研究计划中,他提倡将个人计算机信息广泛传播,并解释了如何将个人计算机与"互联的计算机网络"结合起来,从而形成一种大规模的、世界性的信息分享的效应。❶

自20世纪60年代起,许多热衷计算机的认识和教育变革的专家学者,发表了大量的学术文章、白皮书和研究报告,极力推进教育过程的开放,号召人们将计算机技术作为一种改革"破碎的教育系统"的手段应用于学习过程之中。伊万·伊里奇(Ivan Illich)在其《去学校化社会》一书中认为,鉴于非灵活的课程和讲授式的"学习",应将先进的技术整合进我们的学校系统之中,从而创造出他所称谓的"去学校化的学习网络"❷。伊里奇断言,这种"学习网络"的建立,将会反过来将更多的学生更加紧密地联系到学习过程之中,从而创造出一种更加有效的、参与式的学习。在他看来,一个完整的良好的教育系统应该有三重目的:它应该为所有想学习

---

❶ 亨宁·罗宾. 恩格尔巴特的梦:计算机是如何减轻我们阅读和写作负担的?[M]. 余荃, 译. 北京:电子工业出版社, 2019.

❷ 伊万·伊里奇. 去学校化社会[M]. 吴康宁, 译. 北京:中国轻工业出版社, 2017.

的人提供随时随地可以加以应用的资源；给予所有想分享自己知识的人找到那些想向他们学习这些知识的人的能力；以及向所有想对公众发表自己观点和主张的人提供机会，使其观点和主张为众人所知晓。

与此同时，一大批教育工作者却深深地感到，伊里奇这种关于学习过程的另类主张太过激进，是乌托邦式的和无法实现的。也有不少人认同伊里奇等人的主张，并采纳和支持他们的观点。正是这些人继续推动着教育变革向前发展。

教育理念的深入发展和计算机技术、网络通信技术的巨大进步，为慕课的形成提供了坚实基础。2008年，加拿大爱德华王子岛大学网络传播与创新主任戴夫·科米尔（Dave Cormier）与国家人文教育技术应用研究院高级研究员布莱恩·亚历山大（Bryan Alexander）在参与由时任阿萨巴斯卡大学（Athabasca University）技术增强知识研究所副主任乔治·西蒙斯（George Siemens）与国家研究委员会高级研究员史蒂芬·道恩斯（Stephen Downes）设计和领导的一门在线课程时，为了响应他们的号召，提出了慕课这一概念。❶ 西蒙斯与道恩斯设计和开设的课程名叫"联通主义与联通知识"（Connectivism and Connective Knowledge）❷。这门课程有25位来自曼尼托巴大学（University of Manitoba）的付费学生，还有2300多位来自世界各地的免费学生在线参与学习。所有的课程内容都可以通过RSS信源订阅，学习者可以用他们自己选择的工具来参与学习，包括参加在线论坛讨论，发表博客文章，以及参加同步在线会议。

从那时开始，一大批教育工作者，包括来自玛丽华盛顿大学（University of Mary Washington）的教授吉姆·格鲁姆（Jim Groom）以及纽约城市大学约克学院的不少教授都采用了这种课程结构，并且成功地在全球各国大学主办了他们自己的大规模网络开放课程。最重要的突破发生于2011年秋，来自世界各地的16万人注册了斯坦福大学塞巴斯蒂安·特龙（Sebas-

---

❶ 梁旭，黄明，谷晓琳. 大型开放式网络课程MOOC概论［M］. 北京：电子工业出版社，2015.

❷ 王志军，陈丽. 联通主义学习理论及其最新进展［J］. 开放教育研究，2014，20（5）：11-28.

tian Thrun）与彼德·诺米格（Peter Norvig）联合开设的一门《人工智能导论》免费课程。一段时间内，许多重要的创新项目，包括美国在线大学（Udacity），课程时代（Coursera）❶，以及在线教育平台（edX）❷都纷纷上马，有超过十几所世界著名大学参与其中。

与传统高等教育发展的借鉴—学习模式不同，中国高等教育领域也迅速超越了原有的积累模式，直接加入全球慕课发展的潮流中。2013年5月21日，清华大学正式加盟edX，成为edX的首批亚洲高校成员之一；随后北京大学宣布加入edX慕课项目；随即，上海交通大学加盟Coursera，成为该平台的第一所中国内地高校成员；Coursera又与复旦大学达成合作，接收复旦大学提供的中文或英文在线课程；上海随之组建"高校课程共享中心"，将上海市30多所高校的通识类课程进行整合，提供跨校选修与学分互认服务；海峡两岸五家交通大学联手推出育网（Ewant），成为第一个专门服务于全球华人的在线教育平台；2013年9月23日，北京大学的4门课程正式在edX平台推出，成为中国大陆首批上线的慕课，仅一天多的时间，全球就有2万多人在线选修；清华大学正式推出学堂在线（xuetangX），成为全球在线教育市场中第一个中文慕课平台。中国的大学迅速加入全球慕课发展的大潮当中，意味着传统的通过筛选、淘汰机制促成的高等教育知识获取的壁垒正在被逐步打破。包括北京大学、清华大学、复旦大学等一系列优质教育资源的共享已经成为时代的必然，传统意义上大学的职能开始发生重大变化。从2013年至今，伴随着我国高校以极大的主动性相继加入慕课全球课程与教学体系当中，我国高等教育慕课进程持续发展，从平台建设到内容制作，再到相关政策，都呈现出一种共同推动慕课发展的积极态势。

---

❶ Coursera是大型公开在线课程项目，由美国斯坦福大学两名计算机科学教授创办。旨在同世界顶尖大学合作，在线提供网络公开课程。Coursera的首批合作院校包括斯坦福大学、密执安大学、普林斯顿大学、宾夕法尼亚大学等美国名校。在中国与复旦大学、上海交通大学等高校合作。截至2020年12月，来自全球190多个国家和地区的7700万学生在Coursera上注册超过4000门课程。

❷ edX是美国麻省理工学院（MIT）和哈佛大学于2012年5月联手发布的一个网络在线教学计划。该慕课计划基于麻省理工的MITx计划和哈佛大学的网络在线教学计划，主要目的是配合校内教学，提高教学质量和推广网络在线教育。

二、慕课勃兴的背后

（一）克服传统大学课程的封闭性

慕课是对目前流行的开放式网络教育理念的拓展。许多著名高校已有视频公开课，这些课程就像书架上的书籍和光盘一样，课件放在网上，获取的便捷性、低成本性大大增加了。而慕课是实实在在的、由智能网络技术支撑的在线大学教育课程，有注册、讲授、作业、辅导、考试和资证等高校教育的全过程，并非完全无门槛的下载学习。这种学习方式之所以能够在全球范围内产生影响，从根本上说，在于解决了稀缺优质教育资源的配置问题。

要参加我国高等院校的课程学习，首先必须通过严格的入学筛选。高等教育课程的准入门槛高，是百年来高等教育发展的典型特征。高等教育资源的稀缺性，使得普通民众无法从高校直接获得心仪的课程资源。不仅获得高校课程资源的门槛高，而且其资源也分为不同等级，即一流高校的课程资源对普通高等院校来说，也同样封闭。即便考入高等院校的学生，也只能就近进入高水平高校聆听讲座，甚至采用"蹭课"等方式，获得一些公共课程的听课机会。一流高校课程的封闭性是百年来我国高等教育独具的特色。

追溯大学发展的源流可以看到，英国近代思想家约翰·亨利·纽曼（John Henry Newman，1801—1890）于19世纪20年代提出的大学职能和理念，深刻影响了世界范围内大学的课程设置。他提倡大学进行博雅教育，通过知识的传授，特别是对智力的训练或者进行智力能力的培养，将选拔出来的优能人才培养为优雅之士。❶ 纽曼的著作对全球范围内高等教育的影响在于，通过高校设置的课程，对该校录取的学生进行相关的学术

---

❶ 约翰·亨利·纽曼. 大学的理念［M］. 杨慧林，金莉，译. 北京：中国人民大学出版社，2012.

训练，成为现代大学的三大基本职能之一。

19世纪末，德国柏林大学在亚历山大·冯·洪堡（Alexander von Humboldt, 1769—1859）的带领下，打破常规，提出大学要将中心放在科学研究上，即"研究为中心"。他们认为，大学教师应当把"创造性的学问"的研究作为自己的首要任务。洪堡提出了高等教育学术机构的重要作用，即把具有客观性的科学和主观性的教育统一起来，将参加大学学习前学习的知识与在高校正逐步开始的独立研究结合起来，促进前者向后者过渡。❶ 至此，一个与纽曼截然不同的新理念产生，即科研成为大学的主要职能。研究型大学的理念自此产生。

几乎与此同时，在大西洋的另一边，1904年出任美国威斯康星大学校长的查尔斯·范·海斯（Charles van Hise, 1857—1918），强调高等教育要直接并紧密围绕社会经济发展展开，直接为社会服务，并以此为主体，对大学进行了全面改革。威斯康星州立大学提倡通过学科专家提供服务，使大学的教师可以利用自身拥有的知识帮助政府部门解决问题。❷ 到20世纪初期，大学的功能逐渐定型为通过封闭环境，依靠知识的垄断地位开展科研、服务社会、培养人才，并将其作为现有高等教育三大基本职能，被人们广为接受至今。

慕课突破了纽曼的大学课堂壁垒，也跨越了洪堡实验室的围墙，更为威斯康星的实用主义的"社会服务"理念提供了全新的阐释，即社会服务不仅服务于社会经济、政治，更是要满足个体的多样化学习需求。

首先，慕课的出现和迅猛发展，不仅带来了教育技术上的突破，更可以让学生在课下进行学习，这对长期以来高校学生选课只能做"规定动作"来说，无疑促进了"自选"课程和"翻转课堂"新模式，从而更新了纽曼的课堂教育理念，实现了杜威的课程从学生经验出发的教育思想。由"规定动作"转向"自选动作"是理念，是师生角色的改变。慕课打破了传统的课堂教学局限，突出了教学过程中的"学"，并且让"学"不受

---

❶ 约翰·S. 布鲁贝克. 高等教育哲学 [M]. 王承绪, 等译. 杭州：浙江教育出版社，2001.

❷ 陈洪捷. 德国古典大学观及其对中国的影响 [M]. 北京：北京大学出版社，2002.

地域和时间的局限。它将传统的教学主体翻转成学生，真正适应了学生的天性，将学习进行了有益的延展，让学生可以在课堂外学习知识，使得传统课堂更多成为师生研讨、提升和培养素养的场所。

其次，慕课提供给学习者更重要的是一个自由、自主的学习氛围，它以让全球的学子享受最优质的教育资源为基本理念开发而来，不仅仅立足于人才培养和科研，更多的是提供机会，从而让学生享受学习过程；不仅注重专项知识，更注重人的全面发展和终身发展。更为重要的是，慕课的出现，使得大量身在高校之外的社会人士，有了更多选择优质高等教育或者类似的优质课程的自学机会。其影响远远超出了教育领域，涉及各类专业发展、技能培训、修养提升，实现了知识传播的跃层式发展。不仅促使学习者形成自主性和终身学习意识，也突破了高等教育仅仅注重科研成果的固化思维，让学习者意识到研究的真正意义在于不断地探索和学习，不能单纯为科研而研究。慕课秉承自由自主的学习理念，为学习者搭建了真正意义上进行终身学习的平台。

最后，慕课的免费课程将高等教育变得更为"平易近人"，使更多想要继续学习的"困难生"受益。这一特点为威斯康星的社会服务理念注入了最新鲜的血液，慕课可以将社会服务延伸至每个人，尤其是对困难人群的服务。社会的发展有赖于人类的进步，只有满足了社会中每个个体的多样化学习需求，才能保证人们更好地利用知识推动社会的进步，促进高等教育社会服务职能的完善和有效发挥。因此，慕课开放、免费共享的模式，将满足更多学习个体的需求，从个体到整体，帮助更多的人实现其社会价值和意义。

上述慕课带来的最大变化，本质上是高等教育名校课程的"中心化"特征被打破。慕课凭借互联网技术的突破，将高等教育长期以来形成的知识垄断拓开了一个巨大的空间。尽管此前在远程教育领域的探索也试图利用电视、广播等媒介，将高等教育的课程通过图像和音频传播的方式，输送给偏远地区学习者、工学矛盾突出的学习者，但是20世纪80年代以来的这些"电化教学""远程教学"并没有从根本上打破这种"中心化"的课程壁垒。它们带来的改变仅是将部分课堂学习的空间从学校教室转移到广播、电视等媒介当中。这些仅仅是在知识传输的空间里发生了一定程度的改变。

（二）克服传统大学教学的单一性

慕课的上课时间、空间灵活，具有使用客观、自动化的线上学习评价系统，如随堂测验、考试等，还能运用大型开放式网络来处理大众的互动和回应，实现自我学习进度的管理，通过自动批改、相互批改、小组合作等，保证教学互动，7×24 小时开放，提出问题 5 分钟后能得到反馈。而我国精品课程的互动交流平台更是体现在留言板和论坛中。得益于 20 多年的网络教育实践，慕课很快形成较为稳定实用的基本教学模式，比如，每节课长度与现场教学不同，视频教学录像通常为片断化，一般在 8~12 分钟，其间穿插小测试，适应学生随时随地学习。还会通过论坛投票对问题排序，让教师只重点回答大家都关心的问题；鼓励同学互教互学，通过互助解决学习中的疑难问题等。

尽管在线学习的历史可以追溯到 20 世纪 80 年代后期，但在教育研究领域一直存在一个争议：在线教学的效果能够跟课堂面对面教学效果一样吗？美国教育部在 2010 年 9 月发布了《以证据为本的在线学习实务评鉴——对于在线学习研究的整合性分析与回顾》（Evaluation of Evidence - Based Practices in Online Learning—A Meta - Analysis & Review of Online Learning Studies）研究报告，该报告从上千份美国在线学习成效的研究文献中，归纳出 45 篇已发表的实验研究，以比较在线学习与课堂学习对学习成效影响的差异。在经过严谨的量化评析后，报告结论指出，整体而言，从美国高等教育的情况看，在线学习模式的学习成效"至少都不会比课堂学习来得差"；结合在线与实体课堂的混成式学习"显著优于"单一在线或课堂学习模式。尽管此报告是基于美国高等教育领域大量高校开展的慕课教学综述的研究，但对于我国慕课教学仍有一定的借鉴作用。

在 2012 年前半年的时间里，美国 Udacity、Coursera、edX 三大慕课平台相继成立运营。斯坦福大学校长约翰·汉尼斯（John Hennessy）说，慕课是教育史上的一场数字海啸,正席卷传统大学。❶ 这股大潮持续了将近七八年的时间,借助互联网经济的腾飞,慕课成为高等教育领域教学环节的一个突破。

作为一种通过开放教育资源与学习服务而形成的新型教育模式,慕课通过网络实施教学全过程,突破了传统高等教育以及其他相关社会学习领域在固定地点、固定时间,并对学习者有较高入门门槛的条件下开展学习的局限。一方面,慕课学习最大限度地扩大了学习者的范围——允许全世界有学习需求的人通过互联网加入到学习中来,基于技术迭代的互联网将分布于全球各地的教学者和成千上万的学习者通过教与学联系起来;另一方面,慕课绝不仅仅是视频、教材、习题等学习材料的集大成者,其最大的特点在于具有极强的交互性,数以万计的慕课学习者可以通过课程系统建立起来的学习社区,就共同关注的学习内容和兴趣点开展讨论,分享学习的体会。

如果按照内容来分类,可以将慕课分为以下三大类型。

1. 基于内容的慕课

基于内容的慕课简称为 xMOOCs,"x"即 edX 的简写,加入 edX 的大学,都在大学名称的英文简写后添加 x 作为后缀。xMOOCs 是指由大学在 edX、Coursera、Udacity 等平台上提供的慕课。此类课程所采用的教学方法与高校的传统教学方法相似,即以行为主义和认知主义学习理论为基础,教师通过录制视频等方式讲授知识,学生在观看教学视频后,完成相应的作业和测试等,强调学习者获取和掌握课程内容,侧重于知识的传播和复制。xMOOCs 结构化程度高,每门课程有明确的开始时间和结束时间。课程内容以视频讲授为主,视频长度为 5~15 分钟,在视频中,xMOOCs 通常通过案例激发学习者的兴趣,组合多种媒体呈现、讲解课程内容。课程互动以线上交流为主要形式,学习者与教学者利用课程讨论区互动交流和答疑解惑。目前,正在提供慕课的国际知名机构包括 edX、Coursera、

---

❶ 约翰·汉尼斯. 要领 [M]. 杨斌,译. 杭州:浙江教育出版社,2020.

Udacity、Udemy、P2PU 和可汗学院（Khan Academy）等。其中，非营利性的 edX 由麻省理工学院和哈佛大学出资建设并负责维护；Coursera、Udacity、Udemy 和 P2PU 则是以营利为目的的公司；可汗学院是另外一个知名的免费在线学习平台，它是一个由比尔及梅琳达·盖茨基金和谷歌等公司提供经费支持的非营利性教育组织。这些慕课机构为大学生或者校外学习者提供教学，又有三种典型代表。

（1）打破围墙的交流与探讨：以 edX 为典型。

edX 只提供一流大学的课程，来自世界各地的 200 多所高等教育机构表达了与 edX 合作的兴趣，edX 与众多世界高水平大学合作，世界排名前 10 的大学中有 7 所是 edX 的合作伙伴，其中就包括北京大学、清华大学和香港大学；相比 edX，Coursera 定位于提供一个任何大学都能够使用的平台；Udacity 提供的课程则不局限于高校，还包括一些大型公司开设的课程；Udemy、P2PU 和可汗学院等其他机构则定位于为所有人提供可获得专家指导、与传统大学之外的其他人一起学习的机会。edX 计划是基于麻省理工学院和哈佛大学原有的在线网络教学课程和经历，整合双方教学优势和资源，共同开拓 Web 教育的新领域。其目的有两个：第一是配合校内教学，提高教学质量；第二是向全球推广这两所顶级高校的教育理念、课程内容和教学方法。作为一项非营利的网络教学机构，edX 同时向本校园区和全球数百万学生提供使用开放资源的在线学习平台。

edX 一方面向全球免费提供知名高校的优质课程，另一方面通过课堂/在线混合模式重构校园教育，特别重视通过记录学习行为和学习过程的大数据进行教学法的探索和研究。平台功能强大，通过先进计算和网络技术，按照学生学习的规律，设计课程教学的内容与进程，包括在线教学采取分段式观看教学视频、阶段性小测验和即时网上辅导反馈、网上提交和批改作业、网上社区讨论、虚拟实验室等方式。与传统网络教学相比较，edX 更注重教育效果评价、教与学的在线交流、教学法研究、远程教育效果和学业管理等方面。这项教学计划是一项比较严谨和全面的计划，是探索未来教育方式的大胆尝试。麻省理工学院著名的人工智能实验室为开发和管理 edX 计划提供了技术支持，其网站为增强学习效果还开通博客，让参与课程的学生有机会交流就学经验和习作体会。注册课程者仅需一台在线电脑和简单配置，具备初步英语沟通能力和课程先期知识准备等就可以获得这些学习资源。目前，已有超过 90 万人正在使用 edX 教育平台。

（2）承认学分的学习与提升：以 Coursera 为典型。

Coursera 等三大平台课程全部针对高等教育，像真正的大学一样有一套自己的学习和管理系统。目前，Coursera 平台上已有 149 所大学（机构）提供的超过 2000 门课程，涉及计算机科学、数学、生物学、人文科学、社会科学、医学、工程学以及教育学等学科，注册用户 300 多万。Coursera 的合作高校也同时利用该平台为校内许多学生实施混合教学。还有一些合作高校（如华盛顿大学）为那些愿意为获取额外作业、教师指导和考评而支付费用的学习者提供 Coursera 班级的学分。另有一些大学（如安迪亚克大学洛杉矶校区）承认该校学生学习 Coursera 课程的学分，前提是所学课程须经校方核准。Coursera 的教学设计是基于"协助学生进行自主且有效学习"的教育原则，这种说来简单的设计理念背后，却是受许多学者精心设计的教育研究成果所启发；即这些研究成果促进了 Coursera 对以学生为中心教学的理解与应用。

在传统的课堂教学中，作业（homework）是教学评价中的重要环节，通常被认为是评价学生学习状况的主要手段。但是，Coursera 的教学设计观，认为作业更重要的意义在于它是一种促进学生学习的重要驱动力。作业也是确保学生持续专注的一种必要手段。Coursera 教学设计的关键要素之一是广泛使用交互式练习（extensive use of interactive exercises），这种大量的互动练习是该慕课课程设计的核心，体现在学生学习及参与课业的程度上。此外，在 Coursera 的教学视频中也提供了许多互动机会，例如，视频常常会停下来，在要求学习者回答简单的问题后才得以继续。这种设计可有效验证两件事情：①学习者是否认真学习（是否在播放视频中去做别的事）；②学习者是否已充分理解学习内容。研究结果显示，即使是简单的信息检索（retrieve）活动，也会创造出显著的学习成效，例如在知名的《科学》（Science）杂志中，两位研究者的论文从实证角度，证明了在慕课教学中，那些开展了知识检索或知识重构等学习活动的学习，会显著地增

进学习成效，甚至这两种学习行为的效果更优于一些反思、讨论等复杂的学习策略。❶

Coursera 很多课程的作业设计理念，是基于精熟学习（mastery learning）这一概念。在国内外高等教育传统教室学习的多数经验里，如果一个学生做了作业，但对于作业中用到的概念一知半解，则他的作业质量就不会理想，于是就会从教师那里得到不好的评分与回馈。然而，教师为了维持整体授课进度，还是得继续下一单元的教学。对于那些概念不清又没有完成好作业的学生来说，在下个单元的学习中，又会碰到新的问题，于是形成恶性循环。此外，高校中的学生常常在教师教完"下一个"单元后才会收到"上一个"单元作业的批改回馈，但此刻学生对于上一单元的概念可能已经模糊。为避免类似恶性循环情况的发生，Coursera 会针对学生可能不懂的概念作"实时与反复的回馈"。在许多课程案例中，Coursera 使用随机派送相同作业的方法，将相关主题的"不同版本"给学生练习，所以学生会有机会反复学习相同概念并做类似的作业报告，强化重要概念的习得与迁移。这种教学模式即称为"精熟学习"。精熟学习模式在布鲁姆的教学研究中有详细的论证。研究证实，精熟学习的成效相较于传统的作业教学，竟能提升"一个标准偏差"。所谓一个标准偏差的差异，即指如果在传统课堂中有 50% 的学生通过评量标准，则通过实施精熟学习能有 84% 的学生通过评量。❷

在 Coursera 的在线课程中，最有意义的"作业"不是由平台自动评分的测验，而是须通过学习者之间的相互评价（peer assessment）来完成的，例如，在一门人文学科的课程中，Coursera 会要求学生通过写作短文方式（essay – style）提出所遇到的问题来锻炼审辩思维（critical thinking），发展阐释技巧（interpretive skills）的能力。这类问题不会有显而易见的对与错的答案，学生可依作业的要求展现自己融会贯通的习得知识，然后再接

---

❶ KARPICKE J D, ROEDIGER H L. The critical importance of retrieval for learning [J]. Science, 2008, 319 (5865): 966 – 968.

❷ BLOOM B S. The 2 sigma problem: The search for methods of group instruction as effective as one – to – one tutoring [J]. Educational Researcher, 1984, 13 (6): 4 – 16.

受同伴评价与回馈。作业上传后,选择该慕课的学生自己是看不到分数的——学生必须先为其他4位同学的作业写评语,才能看到其他同学给自己打的分数与回馈。关于评分标准,教师会列举几个评判的参考要点,同学再据以评分。

有人质疑这种评价方式是否能符合专业度与公平性。根据图1-1中展示的桑德勒和古德(Sadler and Good,2006)教育研究结果曲线来看,学生批改的评分与教师批改的评分分布是极为接近的。❶

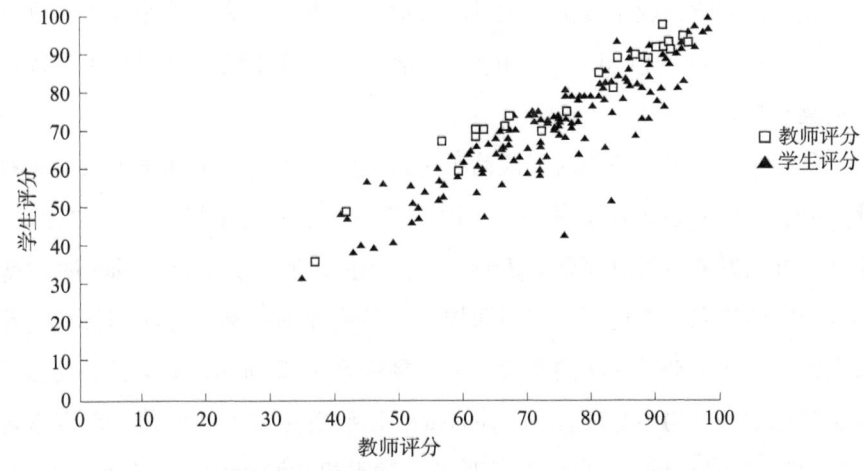

图1-1　教师评分和学生评分的回归分析

在Coursera慕课课程中,此类"有意义的作业"在人文、社会科学、商业等学科课程中尤为被注重,对这些学科的评量,只有小部分会采用平台自动评分机制。基于对大班教学(数万名修课学生)的学习成效,以及多元学科课程教学质量的承诺,Coursera持续投注大量资源精进同侪评价的技术,以期让来自全球的慕课学习者,能通过对彼此作业评分与反馈,获得几乎等同于教师亲自进行的评价结果。

除了同侪评价,Coursera慕课系统还有一套引导学习者学习的评价机制,即"众包评价"(crowdsourcing)系统。在该评价系统中,一个学生要

---

❶ SADLER P M, GOOD E. The impact of self – and peer – grading on students learning [J]. Educational Assessment, 2006, 11 (1): 1 – 31.

负责多份作业的评价与回馈，系统则将结果汇总为高准度的成绩。通过Coursera慕课平台精心设计的算法系统，Coursera已经实现了多个学生评分的每份作业都可以获得评分准确度基本等同于，甚至比单一教学助理的评分水平都要良好的程度。

Coursera慕课平台除了拥有上述评价工具外，还开发了如何善用学习平台的多元功能，使那些选修该慕课的学生具有更加丰富、有趣的学习经验。许多高校的研究者都表达了当前高校课堂中的"标准化"课堂讲授模式已经不是有效的教学方法。相对较有成效的教学方法应该是基于慕课平台的"主动学习"（active learning）教学法，并且加强师生间与生生间的互动及参与。

所谓主动学习法是相对于被动听讲式教学法而言，主动学习法的精神就是以学生为中心的教学设计，亦即教师在课堂上大量提供学生"主动"探究、批判思考与解决问题的练习机会。例如，迪思劳瑞（Deslauries）等学者的实验研究，描述了一门慕课物理学导论课的主动学习法与传统讲授法之比较。在主动学习法的实验组中，参考图1-2所示的直方图，可以发现实验组学生平均参与度（engagement）几乎是对照组的两倍，慕课学习的出勤率（attendance）也增加了两成；对于相同测验的平均分数（learning），实验组的74%更是超出对照组41%三成之多。❶

从上述Coursera这一慕课平台的教学设计可以看到，以其为典型的慕课平台，在经过十多年的发展后，已经逐步将传统讲授内容与评价练习从课堂内移转到在线与课堂外的机会。参加Coursera慕课平台的学习者，会在各国重要城市自发办理"研习会"（meetup）。作为一种创新的在线学习典范，就充分融入上述多元教学设计原则而言，Coursera慕课平台已大幅超越传统课堂，甚至优于既有数字学习与混合学习的框架，初步树立起一种具备高度跨国界与跨文化性，以及高互动性与参与性的自主学习渠道。以Coursera为代表的慕课平台正逐步填补与整合教育界及产业界对于"专

---

❶ DESLAURIES L, SCHELEW E, WIEMAN C. Improved learning in a large-enrollment physics class [J]. Science, 2008, 332 (6031): 862-864.

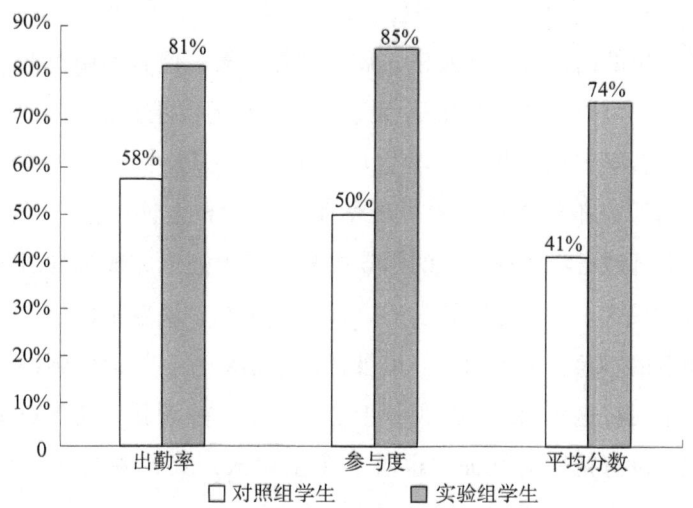

图1-2 物理学导论慕课中采用主动学习法的实验组学习效果

业培养"需求的缺口,并向数字学习的全面应用之路迈进。

(3) 扩大受众的范围和影响:以可汗学院为典型。

可汗学院公开课是由孟加拉裔美国人萨尔曼·可汗创立的一家教育性非营利组织,主旨在于利用网络影片进行免费授课,现有关于数学、历史、金融、物理、化学、生物、天文学等科目的内容,教学影片超过4000段,机构的使命是加快各年龄段学生的学习速度,向世界各地的人们提供免费的高品质教育。该项目由萨尔曼·可汗给亲戚的孩子讲授的在线视频课程开始,迅速向周围蔓延,并从家庭走进了学校,甚至正在成为"翻转课堂",被认为是打开"未来教育"的曙光。❶

可汗学院教学特点包括:首先利用了网络传送的便捷与视频重复利用成本低的特性,每段课程视频长度约10分钟,从最基础的内容开始,以由易到难的进阶方式互相衔接。教学者本人不出现在视频中,用的是一种电子黑板系统。其网站目前也开发了一种练习系统,记录了学习者对每一个问题的完整练习记录,教学者参考该记录,可以很容易得知学习者哪些概

---

❶ 萨尔曼·可汗. 翻转课堂的可汗学院:互联时代的教育革命 [M]. 刘婧, 译. 杭州:浙江人民出版社, 2014.

念不懂。❶ 其次，传统的学校课程中，为了配合全班的进度，教师只要求学生跨过一定的门槛（例如及格）就继续往下教；但若利用类似于可汗学院的系统，则可以试图让学生搞懂每一个未来还要用到的基础概念之后，再继续往下教学，进度相近的学生可以重编在一班。❷ 最后，美国某些学校已经采用回家不做功课，看可汗学院影片代替上课，上学时则是做练习，再由老师或已经掌握知识的同学去教导其他还未完成掌握所学内容的同学的教学模式。可汗老师教学的方式，就是在一块触控面板上面，点选不一样颜色的彩笔，一边画，一边录音，电脑软件会将他所画的东西全部录下来，最后将这一则录下的视频上传到网上，一切就大功告成了。他的教学视频，没有精良的画面，也看不到主讲人，只带领观众进行一步步思考。

尽管三种类型的慕课各有特色，但其课程的开放性、教学中的互动性是高等院校已有课程体系无法达到的（表1-1、表1-2）。同时，借助迅速发展起来的互联网技术的突破，在课程的学习参与者达到一定规模的情况下，慕课这种学习形式才会更有效。

表1-1 主要慕课机构的关键特征比较

机构	是否营利	免费获取	证书收费	高校学分	知识共享协议
edX	否	是	是	否	否
Coursera	是	是	是	部分高校	否
Udacity	是	是	是	部分高校	否
Udemy	是	部分课程	是	部分高校	否
P2PU	是	是	否	否	非商业用途
Khan Academy	否	是	无	否	非商业用途

---

❶ PARSLOW G R. Commentary: The Khan Academy and the day-night flipped classroom [J]. Biochemistry and Molecular Biology Education, 2012, 40 (5): 337-338.

❷ KNIGHT J. What can we do about teacher resistance? [J]. Phi Delta Kappan, 2009, 90 (7): 508-513.

表1–2 主要慕课机构所采用的教学法比较

机构	教学法
edX	在线讨论小组、wiki 协作、过程性评价、网上实验
Coursera	讲座视频、章节测验、做中学式的作业、系统自动考评
Udacity	讲座微视频/文档、交互式测验
Udemy	学习社区、同伴学习
P2PU	讲座微视频、交互式测验、游戏奖励机制
Khan Academy	纯熟教学法（保证学生真正把每个知识点都学会了，而不仅仅是表面的理解和学习）

资料来源：《大学的革命：MOOC 时代的高等教育》。❶

2. 基于网络的慕课

基于网络的慕课简称为 cMOOCs，c 代表关联主义（connectivist）。该理论由美国得克萨斯大学阿灵顿分校的乔治·西蒙斯首先提出。❷ 基于网络的慕课以关联主义学习理论为基础，围绕某一特定课程主题，以周为单位，每 1~2 周探究一个专题，强调学习者自治和社会网络学习，侧重于知识的创造与生成。乔治·西蒙斯等认为，学习是一个连续的、知识网络形成的过程，知识不只是驻留在人类的大脑中，还驻留于人际交互网络中。❸ cMOOCs 是一种结构松散的分布式课程，其主题前沿，学生自主选择内容，自定学习步调，不注重课程评价。整合多种技术构建课程的在线学习环境，该环境支持学习者从其他课程网站导入课程资源，以任何想要的方式重新组织课程内容，并以 RSS 订阅、网络站点和 JSON 数据格式等方式传播课程内容。学习者自主地开展多种学习活动，包括：搜索信息资源并选择过滤出自己感兴趣的内容；在论坛中开展协商讨论和合作探究，进行问题的解决与自主建构；通过社交网络媒体共享学习成果，如博客、脸书和推特等。

---

❶ 吴剑平，赵可. 大学的革命：MOOC 时代的高等教育 [M]. 北京：清华大学出版社，2014.

❷ GEORGE S. Orientation：Sensemaking and wayfinding in complex distributed online information environments [D]. Canada, British Columbia：University of Aberdeen, 2011.

❸ 李青，王涛. MOOC：一种基于连通主义的巨型开放课程模式 [J]. 中国远程教育，2012（5）：30–36.

3. 基于任务的慕课

基于任务的慕课简称为 tMOOCs，以建构主义学习理论为基础，课程结构松散，内容设计灵活，以任务为驱动，注重学习者对知识的深度加工。❶ 在 tMOOCs 中，学习者在特定的任务情境中自定学习步调，利用丰富的学习支持服务，与同伴开展协作学习，完成预设的学习任务，获得相应的专业技能。tMOOCs 的典型代表是牛津布鲁克斯大学（Oxford Brookes University）开设的"高等教育学与教的第一步"（First Steps in Learning and Teaching in Higher Education，FSLT12）课程，该课程的目标是培养学习者的教学技能，训练和提升高校教师职业发展中的学术能力。Mackness 等学者的研究发现，该课程能有效提升学习者的高等教育教学技能和学术素养。❷

三种模式的 MOOC 在学习理论基础和实践运行形式方面存在明显差异。xMOOCs 以行为主义学习理论为基础，属于知识复制型，学习者通过观看教学视频学习课程内容，辅以在线测评和同伴互助，强调知识的独立自主学习。cMOOCs 以关联主义学习理论为基础，强调学习者应用社交媒体围绕专题开展协商讨论，师生共同贡献思想，目的在于通过社会性网络学习和创新课程知识。tMOOCs 以建构主义学习理论为基础，采取基于任务驱动的学习方式，认为知识与技能是学习者通过个体建构与社会建构而形成，强调学习者对知识的能动加工。

从本质上看，慕课并非天外飞鸿突降人间的奇思妙想。与 20 世纪 70 年代以来逐步发展形成的电视教学/远程教学相比，慕课的雏形在 90 年代就已经在美国等一些西方国家有了一定程度的探索。异步教学系统（Asynchronous instruction system）作为一种支持不同时、不同地的教学模式，从 20 世纪 80 年代开始，在美国等国家逐步发展起来。异步教学是指学生可以通过自己的步调来学习相关教学内容。学期一开始，教师首先在网上发

---

❶ 王永固，张庆. MOOC：特征与学习机制 [J]. 教育研究，2014（9）：112-120.
❷ MACKNESS J, WAITE M, ROBERTS G. Learning in a small, task-oriented, connectivist MOOC: Pedagogical issues and implications for higher education [J]. International Review of Research in Open & Distance Learning, 2013, 14 (4): 140-159.

布教学材料（包括预先录制的教学视频）和教学任务，学生登录网站，自主确定学习进度和学习顺序，在网上阅读材料和在讨论版面发布自己的观点。在异步教学系统的尝试过程中，教学的便利性十分突出，例如，教师和学生不受时空限制，非常灵活。如果学生在学习过程中遇到问题，可通过电子邮件或聊天室等通信工具和教师或同学进行交流。由于没有实时互动和监督，异步教学的缺点是可能缺少师生间的人际互动和情感交流。学生需要靠自律来保证学习进度和质量。

早期在美国高校中的异步教学系统主要通过课程评价系统和课程管理系统来实现。这两个系统的探索，对后来慕课概念的形成产生了重要的影响。

自20世纪90年代开始，美国一些高校开始尝试在课程评价系统中将完成课程后的终结性评价转化为过程性评价，例如，通过异步教学系统的设计，把学习评价分配到各个学习活动当中，对学生的学习（与内容、同伴和教师之间的交流）次数提出了明确的要求。学生具体的得分由系统和辅导教师来评判，以此提高学习质量。

与课程评价系统相似的是，异步教学课程管理系统也是一个以课程为管理单位的网络平台，以实现教学内容和活动的数字化。在课程确定之后，教师把课程大纲、教学计划、阅读材料、作业、PowerPoint演示文稿等发布到这个课程管理系统中。课程管理系统一般都与学生注册系统连接在一起，因此，教师可以把选修某门课程的学生从学生注册系统导入课程管理系统。学生登录系统以后，就能看到自己选修的课程，可以随时浏览或下载课程教学大纲、教学材料和作业等，并自主选择学习内容和查询学习进度。课程管理系统还具备在线交流（如电子邮件、聊天室等）、测试和评估等功能。学生可以通过电子邮件或讨论版向教师或同学提问题或参与讨论。学生也可以在网上提交作业，并浏览自己的成绩和教师反馈等。因此，大学里的课程管理系统为师生提供了一个在网上教学和交流的环境。

当前大量基于内容的慕课（xMOOCs）正是基于以往的异步教学系统发展而来。异步教学系统降低了教学参与的交易成本和机会成本，为教学服务提供模式带来了更大的灵活性。随着互联网的大规模使用，异步教学系统很快在互联网大规模发展的基础上，将原来高校内部使用的单点式课堂的联结性进一步扩大。特别是随着网络从2G到3G,再到4G甚至5G的迅速发展,互联网在传播速度、使用范围上发生的质变,使得异步教学在空间和时间上进一步突破原有的障碍,有效地利用分散在不同组织不同地域的人力资本,实现跨越组织边界的知识传递和协作,以快速满足校内外学习者不断变化的需求。

异步教学系统的教学团队成员基本上还处于同一地理空间(校园内或者一栋楼内),隶属于同一组织,但比起传统的课堂教学来说,异步教学克服了课堂教学只能采用面对面方式通过正式和非正式沟通与交流,相互协调合作完成学习任务的局限性,开始形成不同层次的学习群体。而发展到以互联网为纽带的在线教学,其主要特征则发展为教学团队成员身处不同的地理空间,可能隶属于不同组织,完全依靠包括脸书、微信,以及网络教学平台等通信工具进行正式和非正式的交流与沟通,相互协调合作完成组织使命。正是这种大规模在线教育系统,使教学得以跨越出封闭的学校、组织。❶

慕课无疑对传统的教育组织模式和管理模式带来了一系列的影响。如何借助互联网所提供的教学内容分享机制,以及以计算机为中介的人际交流手段,建立跨行业、跨时空的虚拟教学团队和教育组织,完善虚拟教学团队的组织和管理制度,是信息时代教育变革和创新面对的新课题。从根本上看,慕课的出现,打破了高等教育独占资源的局面。高等教育阶段的学生可以借助慕课系统的开放性获得更多的高等教育资源;而身处体制之外的学生和社会公众,则得以通过慕课系统,以较低的成本获得接受高等教育的机会。❷

除了美国,多个欧洲国家参与的"大规模网络开放课程"于2013年4月25日正式启动,目前该网络公开课项目包括12种语言开设的近40门课程,为几十万甚至上百万欧洲人提供了低门槛、高质量的网络教育。它的启动是欧洲教育史上的里程碑事件。"大规模网络开放课程"涉及数学、经济、电子商务、信息技术、气候变化、文化遗产、国际关系、语言学习

---

❶ KARPICKE J D, BLUNT J R. Retrieval practice produces more learning than elaborative studying with concept mapping [J]. Science, 2011, 331 (6018): 772-775.

❷ ROBINSON R. Calibrated Peer Review™: An application to increase student reading & writing skills [J]. American Biology Teacher, 2001, 63 (7): 474-480.

等诸多领域，只需登录网站网址（https：//www.openuped.eu/）就可免费上课。如果学生希望通过修学分获学位，需要根据每门课的情况缴纳25欧元至400欧元不等的费用。该网络公开课程由欧盟委员会支持，参与国家包括英国、法国、俄罗斯、意大利、荷兰、葡萄牙、斯洛伐克、西班牙等。欧盟国家中对教育公平比较关注的国家，如法国于2014年1月正式上线的法国式慕课，也称数字化法国大学（France–university–numerique），截至2020年，据悉，该平台已经与140多所法国和全球著名高等院校和机构建立合作关系，已上线41个主题600余门优质慕课，拥有来自120个国家的200万在线学习者。据法国高教与科研部介绍，巴黎综合理工大学、巴黎政治学院、巴黎高等商学院等一批法国著名高校都在"慕课"平台免费提供文学、物理、生物、数学等人文、科技、社会、经济类大学课程。

此外，英国版的"大规模开放式网络课程平台"——"未来学习"（Future Learn）也于2013年10月正式启动，该平台共有20多所大学提供免费在线课程，学生可以通过电脑或手机进行在线学习。❶ 英国21所参与"未来学习"平台的大学包括伯明翰大学、谢菲尔德大学、利兹大学、诺丁汉大学、华威大学等，向学生提供网上授课和考试课程等。大英博物馆、大英图书馆和英国文化协会将为学生提供教材。其课程特点为：注重学生的讨论和辩论；在电脑和智能手机上都能够使用，并且尽可能优化在手机上的使用；学生在该平台学习将体验到如脸书和推特一样的社交网络乐趣，可以拥有自己的个人网页并查看到别人的学习情况。"未来学习"还会试行"同学评价"，学生可以公布自己写的作业，而别的学生可以评价和讨论。英国的这一慕课平台更希望通过提供在线课程来提高学校的知名度，从而吸引更多学生来英国学习。爱丁堡大学曾经通过美国一个在线课程网络推出网上课程，登记的学生达到30万人。伦敦大学的国际在线课程也有超过20万人登记。

综上所述：本部分根据MOOC的学习理论基础和教学实践形式，将慕

---

❶ HIGH P. A British MOOC start up with a 44–year–old parent [EB/OL]. (2014–01–16) [2022–10–29]. https：//www.ecampusnews.com/2014/01/16/british–mooc–start–44–year–old–parent/.

课的教学模式分为三种类型：基于内容的慕课、基于网络的慕课和基于任务的慕课。与传统课程相比，慕课具有规模大、开放性、网络化、个性化和参与性等内在特征，受到了来自包括美国、法国、英国等国家教育领域的高度关注，欧美等国家和地区纷纷建立了慕课体系，尽管机制不同、探索的路径不同，但都取得了一定的成果。这给我国的慕课建设，特别是认知领域带来了一些借鉴之处。

第二章 知识内化的基础：知识观

慕课作为一种新兴在线教学模式，在诞生之初就引起了广泛关注与众多讨论，前章以 Coursera、Udacity、edX 等为代表的慕课平台依靠 20 世纪 90 年代以来在异步网络教学领域中积累的经验和已有的探索，借助迅速发展的网络技术，得到了全球范围内高等院校的追捧。我国亦有中国大学慕课、学堂在线等慕课平台，众多高校参与课程建设，并对慕课的设计、模式、发展特征等问题做出了许多研究。然而有一个问题一直困扰着慕课研究，那就是受制于教育技术研究领域中理论思维缺失的传统，大量相关的研究热衷于追逐五光十色和千变万化的表面现象，对所谓"热点问题"做出直接的回答，或者采取并非针对病因而是针对症状的所谓"对症治疗"的政策措施来缓解矛盾，没有能够通过变动不居的现象，去把握具有恒定性的事物本质和长期驻留的事物运动规律。当影响慕课发展的某些次要的、偶然的因素发生变化时，原来那些对基本问题得到的认识不但没有深化，反而以为中国本土的慕课发展体现了全新的特点，并进行浅尝辄止的应答，从而对基本问题的认识陷于低水平的循环往复之中。当前慕课教学的理论阐释明显不足，缺乏系统性和科学性的理论指导，影响慕课教学的全面有序发展。

对于当前高校慕课中出现的许多问题，诸如选择慕课学习的学生具有流失率高、本土化慕课的迭代性特征并不明显等。许多慕课中出现的问题是在长时间的历史过程中形成并积累起来的，因此，为了找到正确的应对方法，就必须追根溯源到认识论层面，探索产生这些问题的根本原因和内在机理，并且据此建立起研究现实问题的可靠分析框架。只有按照科学的方法弄清楚慕课与认识论的基本问题，才能对在此基础上产生的慕课现实问题给出正确的诊断和处方。本章基于认知心理视阈，对慕课课堂教学进行理论溯源，以期加强理论建构，同时促进该教学模式的发展和完善。

从国外的研究中可以看出，对于慕课的支撑理论，学者们存在着持续的争议，他们致力于提出新的理论或引证其他理论，如文化心理学、个性决定论等社会学、心理学理论来进行慕课的探讨，并对慕课发展阶段的特性进行理论层面的逻辑批判和现实检验，据此对慕课进行类别细分的研究，用于指导慕课实践。

国内的相关文献对慕课的理论基础认识较为一致，主流观点认为关联主义学习理论是慕课发展的理论前提，并直接进入实践阶段开展探讨。也有少数学者提及行为理论，但并未形成广泛的理论探讨。总体而言，慕课呈现出不同的学习与知识理论特性，受到其发展阶段的影响，呈现出一定时期的特性，但其基本架构仍是建立于关联主义，并将此作为慕课发展的最终方向。

一、知识的价值与内涵

求知是人的本性之一，亚里士多德在《形而上学》开篇就指出"求知是人的本性"[1]。荀子在《解蔽》中也提到"凡以知，人之性也。可以知，物之理也"。东西方的先哲们在不同的文化环境中，却表达了如此惊人相似的思想，这难道只是巧合？不！这是人对自身本性的深刻认识。知识作为人的本性之一，在人类发展的历史中发挥了至关重要的作用。英国哲学家培根那句"知识就是力量"的口号，早已成为家喻户晓的至理名言，它以最朴素、最有力的方式，向人们宣告了知识的重要作用。发挥知识的重要作用首先需要掌握知识，把知识内化于心外化于行。只有这般，知识中蕴含的无限力量才能真正为人类所用。因此，获得知识的能力就显得格外必要。

---

[1] 亚里士多德. 形而上学 [M]. 吴寿彭, 译. 北京：商务印书馆, 1959.

从人类的历史发展中可以看出，知识作为人类认识的成果，具有重大的社会价值、经济价值和教育价值。传承和发展科学文化知识是人类社会延续和发展的重要内容，是知识经济时代社会生产的原动力，是新生一代德智体美劳全面发展的基础。❶ 特别是在学校教育和学生发展中，知识是重要的内容与载体，离开了知识，教育就会成为无米之炊，各种各样的教育目标也就无法达成。❷ 因此，在学校教育中，知识的传授就成为最主要的内容，也成为学生发展最基本的抓手。帮助学生掌握知识，获得知识所获取的能力早已成为学校教育的重要目标。

知识获取能力对学生的发展具有重要意义。这是因为知识是个"百宝箱"，它本身蕴含着无限的力量。帮助学生获得知识获取的能力在某种程度上就是帮助学生获得掌握这种力量的工具。在人类漫长的发展历程中，人们逐渐认识到了知识的丰富价值。王道俊先生将这些价值概括为三个方面：认知或智能的教育价值、知识的自我意识教育价值、知识的实践教育价值。❸ 以王道俊先生的观点为基础，笔者将知识的教育价值归纳为三点。

（1）知识在认知层面的教育价值是知识最基本、最直接的价值，是学生通过学习知识、获得知识所能获得的最直接的发展。知识在认知层面的教育价值又可以分为以下逐步递进的几个方面。

其一，形成对世界最基本的理解和认识。从最通俗意义上来讲，知识是人类认识的成果和结晶，是千百年来，人类不断积累下的文明成果，是人们在认识世界和改造世界的过程中形成的对世界的最基本的理解。它涵盖了人类探索自然、架构社会的方方面面。个体对世界的认识经过时间和实践的检验，在相对的范畴中，被证实为真，这种认识就成为人类知识中最基本的元素，数不清的被证实为真的认识经过不断融合、发展、演变，就形成了人类总体的知识。学校这种专门机构就诞生于人类知识传递的需求之中。学生在学校中学习知识、掌握知识，就是在较短的时间内，简约

---

❶ 刘硕. "重建知识概念"辨［J］. 教育学报，2006（1）：48－53.
❷ 石中英. 知识转型与教育改革［M］. 北京：教育科学出版社，2001.
❸ 王道俊. 知识的教育价值及其实现方式问题初探：兼谈对杜威教育思想的某些认识［J］. 课程·教材·教法，2011（1）：14－32.

地经历前人认识世界的过程,继承前人认识的结果,并大体形成自己对这个世界最基本的理解和认识。

其二,获得进一步认识世界的能力。学生学习知识不仅是为了掌握知识,更重要的是为了掌握知识中所蕴含的认识世界、发展自身的方法。在学习的过程中,学生不仅能获得知识的内容,还能掌握获取知识的工具和方法,更进一步能以知识为工具和方法去认识世界、改造世界。知识本身包含许许多多以语言、文字、符号表达的概念、范畴、命题、工具、原理、因果与逻辑等。学生掌握这些知识就是获得了以语言、文字、符号表现的工具,使用这个工具,学生可以重组经验,看到以往看不到的东西,发现以往发现不了的问题,解决以往解决不了的困境。这是学生将获得的知识作为新的工具去继续学习、发现新的知识。另外,知识本身蕴含着前人发现知识的过程,在这个过程中,前人所使用的工具、遵循的逻辑推理、突发奇想的解决思路等均被保留。学生在学习知识的过程中,通过打开、简化知识中所蕴含的前人的探索发现过程,从而获得新的启发和新的方法。

其三,型塑个体思维,形成个体认识世界的全面视角。学生掌握知识不仅意味着掌握知识的内容和将知识作为工具和方法,还意味着获得了多种思维的方式,使个体认识世界不再囿于个人直接经验,不再封闭、贫乏、局限。正如第二点中所讲,知识可以作为新的工具和方法,这种工具和方法与学生思维水平的发展直接相关,学生分析综合、归纳演绎、分类比较、直观抽象、感性理性等思维方式和思维风格就在学习知识和运用知识的过程中逐渐形成,帮助学生以更加全面的思维去认识世界。

其四,拓展个体发展的空间。"学生掌握知识的广度、深度,标志着他对事物的视域的广度、深度和他的思维空间与想象空间的广度、深度。学生视域的开阔度及察觉度、辨析度、概括度、批判度、重组度、预见度、自由度在相当大的程度上限于他所掌握的知识所提供的可能边界之内。"❶ 因此,学生获得知识可以使自身突破感觉的局限和思维的局限,开阔自己的认识

---

❶ 王道俊. 知识的教育价值及其实现方式问题初探:兼谈对杜威教育思想的某些认识 [J]. 课程·教材·教法, 2011 (1): 14-32.

空间和发展空间，我们常说的"眼界开阔"就是这个道理，知识可以为人提供更加广阔的天地，更加广阔的发展空间。

（2）知识的教育价值不仅表现在发展学生的认知层面，还表现在学生的自我意识层面。简单来讲就是，知识对学生理解人生意义、价值，培养生活态度，发展智慧，启迪人生等具有重要助力作用。我们把对人生、生命、生活、现实社会等的理解称为自我意识。人的自我意识源于人的现实生活，是人在与社会交往互动的过程中逐渐形成的对现实生活境遇的理解、反思、感悟、批判，是人对人生意义、生活方式、社会理想等的态度、意识和追求。人的自我意识发端于生活，知识的学习在其形成的过程中具有重要作用。我们常说知识凝结着人类生存的智慧，蕴含着人类社会的科学精神和人文精神。学习知识不仅可以获得对世界的认识和理解，还可以丰富和深化自我意识，帮助学生树立独立、切实、豁达的人生态度，使学生行事实事求是，不唯书、不唯上，理性处事。学生在学校中学习知识，形成人生智慧、人生理想、人生抱负。

（3）知识具有实践教育价值已经被人们广泛接受，通俗的表达是知识源于实践又应用于实践、指导实践。确实，知识来源于人们认识世界和改造世界的实践活动，它天生带有实践属性，被符号化、抽象化之后的知识虽然不能直接产生实践效果，却可以通过掌握知识的人影响实践。学生掌握知识对实践能力的形成和发展有重要影响作用。通过获取知识，学生会掌握事物发展的特性和规律，并会将知识作为工具和方法，进而解决实际问题，发展实践能力。也就是说，掌握知识就意味着对事物的理解和认识更深一步，知己知彼百战不殆，认识世界，进而才能改造世界。

知识的这三个方面的教育价值相互联系，共同发挥作用影响学生的个性素养。可以说，知识对学生核心素养的形成和发展、思维能力的形成和发展、创造能力的形成和发展具有奠基性的作用。

现代社会是一个创新驱动的社会。每一分每一秒都有无限的创意在迸发，在推动社会的发展进步。创造能力已经成为当代人生存的必要能力。现代教育特别强调学生创造能力的培养，鼓励学生进行实践与创新，并将

"人文底蕴""实践创新"等六大核心素养作为学生发展的重要目标。❶ 其中,掌握人类人文领域的基本知识和成果是学生的基础能力,实践创新能力则是学生发展的最终目的。遵循认知规律,在做好注意控制的基础上,降低外部认知负荷,丰富视听表现,能够帮助学习者建立潜在知识关联,促进记忆。这些基于知识理论的原则,对于慕课的设计具有重要的启示。❷ 为了实现慕课课程目标,就必须在慕课的设计中重视学生知识能力的培养。

二、知识获取能力的内涵

知识获取能力对于学生的发展十分重要已经是不可置疑的命题。那学生的知识获取能力究竟是什么呢?只有弄清楚这个问题,我们才有进一步讨论的必要。对于这个问题的回答需要从对知识的理解入手。这是因为,对知识的理解就决定了我们在讨论知识获取能力时所秉持的知识观,决定了我们界定知识获取能力的视角或基础。知识观的不同,对知识获取能力的界定是不同的。

古今中外,关于"知识"这一概念的理解牵引出了各种各样的思想理论,对哲学、社会学、教育学、心理学等产生了重要影响。尽管对什么是知识这个问题见仁见智,很难达成一致,但是,我们认为明确知识的基本内涵是准确认识学生知识能力的基础。因此,我们对比了各种典型的知识定义。这些定义从不同的学科、理论与视角给我们以不同的启示。

柏拉图将知识看作可以被证实的真实信念,对后世的知识观产生了重要影响。❸ 他告诉后世哲学家,知识首先是一种信念,并且它还能被证实,即是真的。这两个条件奠定了知识论对知识最基本的理解。培根强调,知

---

❶ 核心素养研究课题组. 中国学生发展核心素养 [J]. 中国教育学刊, 2016 (10): 1-3.

❷ 张春莉, 程黎, 王本陆, 等. 青少年创新素质模型的理论构建 [J]. 北京教育学院学报: 社会科学版, 2018 (3): 28-34.

❸ 詹文杰. 如何理解柏拉图的"知识"和"信念"? [J]. 世界哲学, 2014 (1): 24-34, 160.

识是深入自然界里面的，在事物本身上来研究事物的性质而获得的东西，即真理的表象。为此，他认为科学知识才是知识。[1] 笛卡尔将知识看作个体纯粹的理智。杜威认为知识就是认识一个事物和各方面的联系，知识是通过操作把一个有问题的情境改变成一个解决了问题的情境的结果。[2] 在哲学的发展史上，对知识本质的揭示成为哲学发展的重要内容，甚至是基础内容。很多伟大的哲学家都发表过自己的独到见解，如奥古斯丁、阿奎那、洛克、休谟、康德等。这些哲学上的本质理解，对我们理解学校教育中的知识及知识获得问题发挥着重要作用。

对知识典型的理解除哲学上的以外，还有很多辞书的直接定义。《辞海》将知识定义为人类认识的成果或结晶。它包括经验知识和理论知识。经验知识是知识的初级形态，系统的科学理论是知识的高级形态。人的知识是后天在社会实践中形成的，是对现实的反映。辩证唯物主义把社会实践作为一切知识的基础和检验知识的标准。知识借助于一定的语言形式，或物化为某种劳动产品的形式，可以交流和传递给下一代，成为人类共同的精神财富。知识随社会实践、科学技术的发展而发展。一般可以分成三大类：自然科学知识、社会科学知识和思维科学知识。哲学知识则是关于自然、社会和思维知识的概括和总结。《中国大百科全书》认为知识是人类认识的成果，它是在实践的基础上产生，又经过实践检验的对客观实际的反映。知识是客观事物的属性与联系的反映，是客观事物在人脑中的主观印象。《西方教育词典》认为知识是个人经过生活经验和经过教育所获得的见闻和认识的总体。这些辞书以通俗的表达，阐述了人们关于知识的共识性理解。

借鉴这些关于知识的理解，在慕课课程设计中，笔者认为知识是人类在长期的改造自然和社会实践中获得和积累的认识成果，而认识是主体在

---

[1] 郭剑鸣，陈晓凤. 从培根到哈贝马斯：西方近现代政治与知识关系观的演变：对西方近现代知识政治学学术资源的探寻 [J]. 中共浙江省委党校学报，2009，27（4）：44-49.

[2] 刘芳. 从"理性狂妄"到"相对泥潭"：课程知识观嬗变的哲学考察 [J]. 教育研究，2019，40（8）：59-67.

实践中对客观事物（包括自然界、社会和人自身）能动的反映。❶ 从哲学上来讲，知识其实就是认识主体被证实的真实信念。判断一个信念（或信息）是否为知识，有三个标准：是否是认识主体思考的内容或对象；是否是真的；是否能够得到完全的证实。❷ 哲学知识论上的这三条标准，为正确理解学生的知识能力提供了最本质的框架，即在学生的创新素质中，学生学习的知识必须是学生主体可以被完全证实的真实信念。只有可以被完全证实的真实信息才有可能促进学生的创新素质，而那些无法被证实的虚假判断，不仅无法成为学生创新素质的组成部分，而且会阻碍学生创造力的发展。这就是本书对知识的基本判断。基于这个基本的判断，对学生知识学习过程机制的探讨及"如何培养学生知识能力"的回答，才有科学的前提和基础。

作为人类文明精华成果的知识，蕴藏着人类长期认识自然和改造自然的认识成果。人类社会的不断进步发展，需要以知识的传承为基础。这是因为，在人类社会历史发展和个体发展之间存在一个永恒的矛盾，即社会的延续发展需要一代代的新人站在前辈们认识的高度上继续发展创新，而一代代新人却是从"一张白纸"开始的。换句话说，新人必须先掌握前辈们积累下来的知识，才能获得发展，如果忽视知识的学习，那人对世界的认识和改造就将无始无终地重复前人认识的过程。从这个层面来看，对知识的学习和掌握对人类社会的发展至关重要。

学生学习和掌握知识并不是一个简单的过程。长久以来，人类积累了浩瀚如烟的知识。穷极一个人一生的光阴，恐怕都不能完全掌握。这一矛盾就是我们常说的"生有涯而知无涯"的矛盾，即在人有限的时间内掌握尽可能多的知识的矛盾。为了解决这个矛盾，学校教育、教学应运而生。"教学的根本问题，是外部知识如何被学生获得、占有并转而成为学生个体的内在力量、精神财富的问题。"❸ 学生知识学习的过程就是在教师的指

---

❶ 刘硕．"重建知识概念"辨 [J]．教育学报，2006（1）：48-53．
❷ 胡军．知识论 [M]．北京：北京大学出版社，2006：45-66．
❸ 郭华．带领学生进入历史："两次倒转"教学机制的理论意义 [J]．北京大学教育评论，2016（2）：8-26，187-188．

导下，典型地、简约地经历前人认识的过程，在较短的时间内复演、掌握人类认识的过程和成果。

学生学习和掌握知识的过程是一个主动的过程，而不是被动地接纳。因此，在这一过程中，学生对知识的学习和掌握能力至关重要。只有拥有这一能力，学生的学习才是可能的。我们可以将学生学习和掌握知识的能力统称为学生知识获取的能力。理解学生知识获取能力需要从对学生知识获取的界定入手。对学生知识获取的理解，不同学者有不同的认识。

有研究者从知识的教育价值全面实现的角度，考察了知识获取的内涵。他认为：①从学习活动的范围来看，学生的知识获得是指学生在学校学习中的学习结果，而不包括学生在自然、家庭、社会中的知识学习活动，或者可说，学生的知识获得主要是指学生在课堂教学中的知识学习活动结果；②从学习活动的对象来看，知识是指学校教育中所传递的知识，主要是指书本知识的学习活动；③知识获取的过程就是知识的认知性教育价值、自我意识性教育价值和实践性教育价值三个维度的全部实现；④学生的知识获得是指知识教育价值在个体身上的实现，是知识与个体之间价值关系的建立。❶ 概言之，知识获取即学生个体在学校中主要通过书本知识的学习，将知识在认知层面、自我意识层面和实践层面打开的过程。

还有研究者从奥苏伯尔的认知结构出发，对其认知结构观、知识获得观和课堂教学模式进行了剖析，进而认为知识获得就是个体不断充实、完善和建构其认知结构的过程，不断把外部的知识结构转化为内部认知结构的过程。在这个过程中，学习者学习的新知识与其认知结构中已有的观念建立起非人为的、实质性的联系，进而不仅使知识获得意义，而且原有的认知结构也得到改造。❷ 奥苏伯尔强调学生知识获得的过程其实就是学生在知识内化的过程中对自己认知结构的不断建构。

---

❶ 伍远岳. 知识获得及其标准研究 [D]. 武汉：华中师范大学，2015：112.
❷ 何先友，莫雷. 奥苏伯尔论认知结构、知识获得与课堂教学模式 [J]. 华南师范大学学报：社会科学版，1998（3）：50-56.

潘洪建认为，从广义上来说，知识获得是指个体习得经验的过程，它既包括在生产劳动、社会实践、日常交往中形成的直接经验，也包括学生在学校教育活动、教学活动中获得的间接经验。而从狭义上来说，知识获得指的是学生在学校里通过教材的学习将人类的总体经验转化为自己的个体经验，将客观知识转化为主观知识的过程。知识获得不是外部知识及其结构的简单移植，而是一个积极内化、主动生成和共同建构的过程。[1] 知识的积极内化通过同化和整合两条途径完成，知识的主动生成强调在已有经验的基础上生成、建构出新的经验，知识的合作建构强调学生知识获得的过程就是学生与知识生产者之间的对话和经验融合的过程。在这一层面上，知识内化与主动生成是学生知识获得过程中相顺承的两个阶段，而合作建构则是学生习得知识意义的特殊过程。通过这三个过程，学生不仅获得了知识本身的内涵，还建构出自己的独特经验并形成意义。

此外，有研究者认为知识的获得不仅意味着"我有知识""我控制了知识""我会使用知识"，还意味着精神的参与，意味着知识成为个体精神和人的意义世界的有机组成部分，也就是说，知识的获得不能止于知识的占有，而应该从符号的理解进一步提升到学习者个体的精神世界和意义世界。[2] 这一理解把知识获取从人的认知世界扩展到人的精神世界，将学生知识获取的概念扩大。

现有的关于学生知识获取（知识获得）的研究似乎都在强调将知识获取与知识掌握这两个概念区别开来，进而得出学生的知识获取（知识获得）不仅停留在语言、文字、符号等的习得上，还包括学生对知识的主动建构和意义生成，甚至是对学生精神世界的改造的结论。这一理解可以看作从教育学层面对知识获得的理解。但从学校教学的层面理解知识获取（获得）则显得有些不同。在教学层面，知识掌握和知识获得的概念并不严格区分。教学论认为，相较于科学探究和艺术创造，教学是将人类长期

---

[1] 潘洪建. 知识获得：积极内化、主动生成、合作建构 [J]. 新疆师范大学学报（哲学社会科学版），2004（2）：152-155.

[2] 郭晓明. 知识的意义性与"知识获得"的新标准 [J]. 华东师范大学学报（教育科学版），2004（2）：14-21.

创造和积累起来的社会历史经验中的精华,变为学生头脑里的精神财富和智慧的过程,它以学习和继承前人无数次实践总结出的认识成果为主要目的。这一过程就是通过学生对知识的掌握而实现的。

综合以上几种关于学生知识获取内涵的典型理解,结合学校教学中学生创新素质培养的特殊性,我们将学生的知识获取理解为:在学校教学活动中,学生通过学习和掌握经过选择加工的人类文明的精华成果,并将其内化到自己的头脑中,达到能够外化于行的程度。

同理,学生知识获取的能力就是指在学校教学活动中,学生通过学习和掌握经过选择加工的人类文明的精华成果,并将其内化到自己的头脑中,达到能够外化于行的程度的能力。

三、知识获取的过程及其理论支撑

学生的知识获取能力是学生创新素质形成的重要基础。学校的教育、教学以培养学生的知识获取能力为基点进而培养学生的创新素质。在教育教学活动中,为了培养学生的知识获取能力就需要首先弄明白学生知识获取的过程机制,从知识获取的过程阶段入手,有侧重地定点培养学生的知识获取能力。

关于学生知识获取的过程机制,心理学有很多有影响的研究成果。这些研究成果从不同层面揭示了学生学习的认知过程。

皮亚杰认为儿童的认识结构(认知图式)发展的内在机制是通过两个不变的过程来实现的,即同化和顺应。同化是儿童使用已有图式对新的事件做出解释;顺应是儿童的已有图式不能解释新的事件时,而根据新的事件修改原有图式。同化与顺应是两个互补的并行过程。儿童不仅能够把新事件纳入已有知识背景中(同化),而且可以改变原有知识背景以适应新的事件(顺应)。皮亚杰认为,儿童的学习主要是顺应过程的结果,即通过不断学习新的内容,修改原有图式以形成新的图式。在这一过程中,同化是重要基础。儿童在学习新的内容时总是会将新内容与旧经验

相联系。❶

奥苏伯尔认为当学生把教学内容与自己认知结构联系起来时，意义学习便发生了。影响学生学习最重要的因素是学生的认知结构。认知结构就是学生现有的知识的数量、清晰度和组织方式，它是由学生眼下能回想出的事实、概念、命题、理论等构成的。为了揭示学生意义学习的过程，奥苏伯尔构建了一套有层次组织的学习，从最低层次——表征学习，到概念学习，再到命题学习和发现学习，最后到最高层次——创造能力的形成，揭示了学习材料是如何被同化到学生的认知结构中去的。表征学习和概念学习是学龄前儿童的典型学习，但儿童进入学校后，其学习更多的是以命题学习和发现学习为主。当儿童学习新的命题时，新的命题会与儿童认知结构中已有概念建立起联系，这种联系可能有三种类型：下位关系、上位关系和组合关系。除了这三种学习类型，在学生进行发现学习时还涉及三种层次的学习：运用、问题解决和创造。运用是把已经学到的命题应用到类似的问题情境中；问题解决是学生把已经学到的命题转换到新情境中去；创造则是把认知结构中的各种关系较远的观念用来解决新的问题，它强调能产生某种新的产品。通过对学生学习认知结构的研究，奥苏伯尔提出了学生意义学习的心理机制——同化，即学生能否习得新信息，主要取决于学生认知结构中的已有观念，学习是通过新信息与认知结构中的已有观念的相互作用发生的。知识获得的过程就是新知识与学习者认知结构中已有的观念建立非人为的、实质性的联系的过程。❷

加涅把学生学习的过程分为若干阶段，每一阶段需进行不同的信息加工。根据这些不同的信息加工将学生的学习行为分解为八个具体的阶段（见图2-1），即动机阶段（期望）、领会阶段（注意：选择性知觉）、习得阶段（编码：储存登记）、保持阶段（记忆储存）、回忆阶段（提取）、概括阶段（迁移）、作业阶段（反应）、反馈阶段（强化）。❸ 动机阶段是

---

❶ 简妮·爱丽丝·奥姆罗德. 学习心理学（第6版）[M]. 汪玲，等译. 北京：中国人民大学出版社，2015.

❷ 施良方. 学习论 [M]. 北京：人民教育出版社，1994.

❸ 施良方. 学习论 [M]. 北京：人民教育出版社，1994.

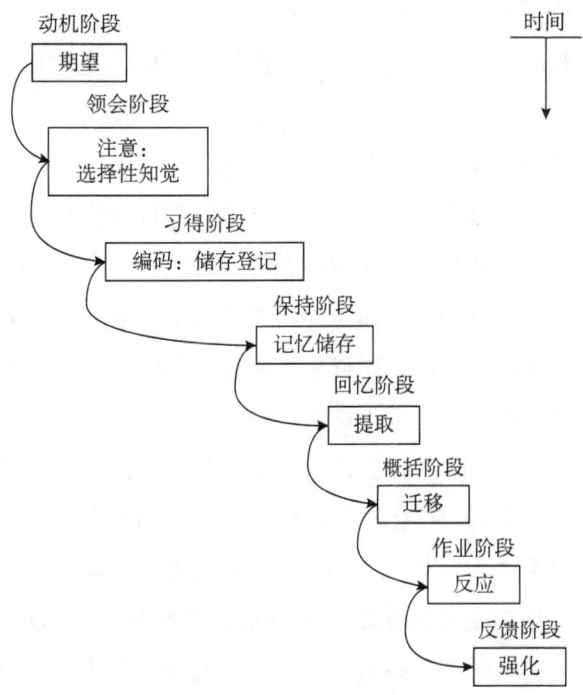

图 2-1 知识学习的过程

学生学习的预备阶段，学生有了动机，他的学习行动才会持续下去。学生学习始于注意与学习有关的刺激，即在大脑内部只加工某些注意到的学习刺激。但学生把所注意到的学习刺激与其他刺激区别开来后，就会对这些刺激进行知觉编码，进而储存在短时记忆中。这个过程就是加涅所讲的选择性知觉。学生学习只有做出选择性知觉后才能真正开始。学生在对新获得的学习刺激进行知觉编码后储存在短时记忆中，然后再进一步编码加工转入长时记忆。在这一过程中，学生大脑内部至少进行两次编码转化，第一次将直接知觉的信息编码转化为可以进入短时记忆的信息，第二次将短时记忆中的信息再次编码转化进入长时记忆。当信息进入长时记忆中后，学生学习就进入了保持阶段。到此为止，许多心理学家所说的学生学习的内部活动（过程）就已实现，接下来就是学习的内部活动（过程）向外部转化的阶段，即加涅所说的回忆阶段、概括阶段、作业阶段和反馈阶段。在回忆阶段中，学生通过对长时记忆中的信息进行回忆和提取实现相同情境中内部学习结果的直接外化、直接应用。当然，学生学习所期望的学习结果并不只是相同情境下的应用，而是能把学到的知识运用于各种各样的情境中。因此，学生学习的过程必然包括将习得的信息进行迁移的过程，即加涅所说的概括阶段。为了在教学上实现学生对习得信息的提取（回忆阶段）和迁移（概括阶段），在学生学习的后期进行作业反应和反馈强化是十分必要的。以上就是以加涅为代表的学习的信息加工理论对学生学习过程的揭示。值得注意的是，加涅提出的学习的信息加工理论不仅是为了说明学生学习是如何进行的，还进一步探讨了教学工作如何适应学生的内部加工过程，对学校教学产生了重要影响。

  迈耶（Mayer）从人的心理工作方式出发设计多媒体信息，从而提出了多媒体学习认知理论。❶ 这一理论将语词（word）和画面（picture）共同呈现的材料称为"多媒体"，并认为"采用语词和画面的组合呈现比只采用语词的单一呈现更容易使学习者理解科学解释"。在这一前提的基础上，多媒体学习的认知理论提出了三个学习假设，即人的信息加工系统包含由视觉—图像加工和听觉—言语加工组成的单独加工视觉和听觉信息的双重通道；每个通道同时加工信息的容量都是有限的；主动学习是对学习过程中各种认知加工过程的协调。在这三个假设的基础上，迈耶进一步提出了多媒体学习的五个步骤（见图 2-2）：从呈现的文本中选择相关的语词＋从呈现的图像中选择相关的画面→将所选择的语词组织为一个连贯的言语表征＋将所选择的图像组织为一个连贯的视觉表征→将言语表征和视觉表征同先前的知识经验整合为一体。在这一学习过程中，由于学习者每个通道上一次加工的信息数量是有限的，大约为 5±2 个组块。❷ 因此，为了降低学生学习的认知负荷，合理利用有限的认知资源，学生会在元认知策略的支持下，对有限的认知资源进行分配、监测和调控，有选择性地允许信息进入认知系统，并对信息进行主动加工。我们可以在一定程度上将

---

  ❶ MAYER R E. Multimedia Learning [M]. 2nd ed. New York: Cambridge University Press, 2009.

  ❷ MAYER R E., Moreno R. Nine ways to reduce cognitive load in multimedia learning [J]. Educational Psychologist, 2003 (1): 43-52.

这一学习过程概括为选择注意、组织信息、整合信息。这也是学习者知识建构的主要过程和方式。学生对语词和画面的选择性注意不是随意的，而是学习者主动进行意义构造的过程，即判别哪些语词和图像与理解多媒体呈现的内容最为紧密。在对信息进行有选择性的注意后，下一步就是把这些信息组织成一个一直的表征并输出言语和图像模型的知识结构。之后，学习者就会将这两个模型相匹配，整合为一个新的模型，在整合的过程中不仅需要对言语模型和图像模型的各成分进行匹配，还需要建立其与已有知识之间的联系。这就是迈耶构建的学习者多媒体学习认知理论。❶

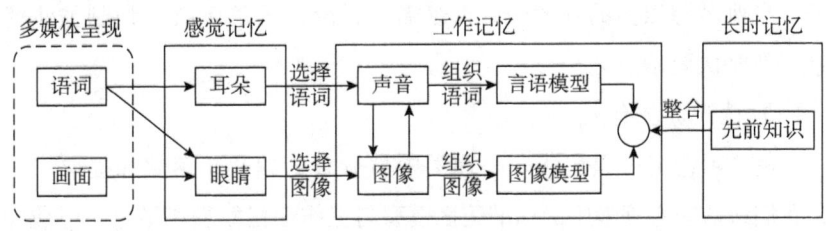

图2-2　多媒体学习知识理论

在行为主义发展到认知主义之后，心理学研究进一步发展出了建构主义学习理论。建构主义学习理论来源于皮亚杰和维果茨基。皮亚杰强调主客体之间的相互作用发展起来的认知建构主义，维果茨基强调不同主体互动发展起来的社会建构主义。建构主义质疑知识的客观性和确定性，认为知识不能准确无误地概括世界，它只不过是人们对世界的一种解释和假设。在具体的问题解决过程中，知识是不能直接应用的，而是需要根据具体问题的具体情境对知识进行再加工和再创造。而这种对知识的理解只能由学习者基于自身的经验背景建构起来。因此，他们强调，学习不是由教师把知识简单地传递给学生的过程，而是由学生自己建构知识的过程，学生不是被动地接受信息，而是主动地建构知识的意义。这种建构包含两个方面：对新信息的建构和对原有经验的改造重组。这与上文论述的皮亚杰同化、顺应的双向建构过程一致。建构主义者强调，知识学习必须把学生

---

❶ 理查德·E. 迈耶. 多媒体学习 [M]. 牛勇, 邱香, 译. 北京：商务印书馆, 2006: 53-74.

现有的知识经验作为生长点，引导学生从原有知识经验中生长出新的知识。为此，他们特别强调生成教学、情境教学、合作学习和支架教学。

认知理论是建立在心理学基础上，针对学习内部加工过程的理论。与视觉听觉关联的认知理论需关注以下三个方面。

（1）注意有限。

注意是心理活动对某一对象的指向和集中，是进行其他心理活动的基础，因而能保证记忆加工顺利进行，对学习过程影响很大。但人的注意是有限的，人眼在观看中只能挑选出某些特殊的部位，使之突出独立出来。[1] 此外，在刺激源很多的环境中，大脑需要排除环境的干扰，强制关注特定信息，忽略次要信息。

（2）认知资源有限。

人的学习记忆过程在认知心理学中被分解为编码、存储和提取三个部分，我们将认知心理学中的标准记忆模型与工作记忆模型相结合，形成完整的记忆模型。在该模型中，感觉登记时间最短，只能维持一秒时间；短时记忆比感觉登记时间稍长，大约一到两分钟；短时记忆与被激活的长时记忆在工作记忆中进行加工，最终进入长时记忆，长时记忆维持时间最长，或永远不会遗忘。[2] 根据约翰·斯威勒（John Sweller）等人提出的认知负荷理论，在人的工作记忆转为长时记忆过程中，各种认知加工活动均需消耗认知资源，由于单位时间内可消耗的认知资源有限，当活动所需的资源超过个体拥有的资源总量，就会引起资源的分配空间不足，从而影响个体学习或问题解决的效率。[3]

（3）视听的记忆效率。

良好的记忆水平有助于学习者的识记和日后对知识的提取与关联，因此，慕课的授课视频，都要以利于记忆的方式去设计。根据相关的研究，情绪的变化也有利于加强记忆。积极情绪和消极情绪都能促进大脑释放特

---

[1] 鲁道夫·阿恩海姆. 视觉思维 [M]. 滕守尧，译. 北京：光明日报出版社，1987.
[2] 斯滕伯格，威廉姆斯. 教育心理学 [M]. 北京：中国轻工业出版社，2003.
[3] SWELLER J. Cognitive load during problem solving: Effects on learning [J]. Cognitive Science, 1988: 257–285.

定神经递质,增加记忆效果。❶ 对学习内容的强烈感受可以增加情绪记忆。❷ 丰富的视听形式能促进经验的构建。爱德加·戴尔在1946年提出了视听教学理论和"经验之塔",将学习经验的来源分为抽象的经验、观察的经验和做的经验。在课堂中,学习者获得的主要是抽象的经验,即教师的语言文字;后两者比较难从课堂获得。由美国缅因州国家训练实验室所证实的"学习金字塔",提出了不同的学习方法与知识留存率的关系,认为主动学习优于被动学习。将经验之塔和学习金字塔结合,不难发现,观看多媒体获得的观察经验比传统听讲知识留存率高。而越往塔底,知识留存越更高。

将认知心理学与建构主义心理学结合起来看待学生知识学习的过程对于揭示学生知识获得的过程机制具有重要意义。这些心理学理论非常细致、全面地刻画了人类学习的内在过程,揭示了人类学习的奥秘。认真分析就会发现这些理论都有一个共同的"隐喻"——学习即知识的掌握。因此,通过这些揭示学生认知结构的发展过程的理论就可以得出学生知识掌握(获取)的过程机制。表2-1将各种典型的学习理论对学习过程的揭示汇总在一起,这样有利于我们综合各种研究成果,将其运用在慕课课程的设计中。

表2-1 不同学习理论对学习过程的揭示

学习理论	学习过程
皮亚杰的认知发展理论	同化+顺应→认知图式的改变
奥苏伯尔的认知同化学习理论	发现学习:运用→问题解决→创造
加涅的累积学习理论	期望→注意:选择性知觉→编码:储存登记→记忆储存→提取→迁移→反应→强化
迈耶的多媒体学习理论	选择注意→组织信息→整合信息

脑科学研究者通过对人类大脑的研究,揭示了人类学习的秘密。他们

---

❶ LEDOUX J E. The Emotional Brain: The Mysterious Underpinnings of Emotional Life [M]. New York: Simon and Schuster. 1996.

❷ SPRENGER M. 脑的学习与记忆 [M]. 脑科学与教育应用研究中心,译. 北京:中国轻工业出版社,2005:91.

将学生的知识学习看作头脑中神经系统的活动,通过对人头脑中记忆的工作机制的研究,揭示了人头脑中知识学习的过程。这个过程就是组块的过程。

组块是根据意义将信息碎片组成的集合。通过复杂的神经活动,简化而抽象的思维组块得以联结,这是大多数科学文化知识构成的基础。要熟练地掌握科学文化知识,就要创造一些概念组块,即通过意义联系将分散的信息碎片组合起来。学生在知识学习的过程中,把要处理的零散的知识构成组块,可以使大脑更高速地运转。这是因为,组块是更宏观、更上位的基础信息,在将知识联结成组块后,学生头脑中的学习活动就不必再纠缠于一些细微的知识。

既然组块对学生知识学习具有如此重要的作用。那么,在学生的头脑中组块是如何形成的呢?

进行组块的第一步就是把注意力集中在需要组块的信息上。在慕课学习中,部分学生也会在不同的慕课内容之间切换,或者在慕课学习间隙浏览其他内容。在这种状态下,学生头脑中的组块是构建不起来的,因为他的注意力根本没有集中在知识上。学生在通过慕课课程学习新知识时,既需要在头脑中创造出新的神经模型,还需要把这些新的神经模型与大脑中已有的神经模型联结起来。注意力一旦分散,这种联结就不一定会成功,或联结得不紧密。将注意力集中在相关任务上的能力影响着学生学习的方方面面。波斯纳(Posner)和罗斯巴特(Rothbart)区分了视频学习或慕课学习过程中三种神经网络运行的情况,❶ 即三个涉及注意行为的相互连接的脑区系统:第一个是警觉网络,即使人保持警觉状态的神经网络;第二个是朝向网络,即帮助学生注意到需要感觉的任务;第三个是执行网络,即在特定事件中维持注意力的神经网络。依赖这三个神经网络,学生可以实现选择性注意,即有意识地注意一些事件而过滤掉环境中无关的东西。

---

❶ POSNER I M, ROTHBART K M. Research on attention networks as a model for the integration of psychological science [J]. Annual Review of Psychology, 2007, 58 (1): 1-23.

进行组块的第二步是理解,即要把知识打包成组块,就需要先理解这些知识。此时需要的理解是一种基本的理解,即能找出信息中的关键要义即可,不需要一些特别复杂的思维活动。理解的作用就是找出这些知识之间的关联,为更加紧密地组块奠定基础。

进行组块的第三步是获取背景信息,即跳出知识原有的情境,用一种更加广阔的视角和情境来看知识。这是将知识应用和迁移的关键一步。学生的知识组块能否使用或应用到更加广阔的背景中,关键看在组成组块时对背景信息的获取和理解程度。

在学生学习过程中,头脑中的组块可能在两个方向上发生,从下到上和从上到下(见图2-3)。从下到上的组块讲的是学习过程中的练习与重复可以帮助建立和加固每一个组块,以使学生可以更好地从记忆中提取信息。从上到下的组块讲的是知识在宏观概念体系中的位置,是提纲挈领地建立和使用组块。而背景环境则是从下到上和从上到下这两个方向的交会处,是学生因地制宜地应用组块的重要条件。

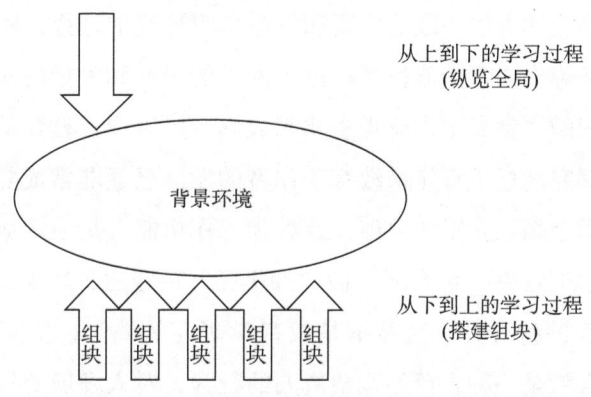

图2-3 学生学习过程中进行组块的两种方式

将知识结成组块是脑科学对学生知识学习内部过程的揭示。除了结成组块,学生要想真正掌握知识还需要及时进行提取练习,即试着回想知识。有经验的教师会建议学生在课堂上学到知识后,课外再回想一遍而不是再原模原样地看一遍。这是强化学生知识掌握的有益举措。在学习中进行回想就是让大脑提取关键概念,而不是重复获取知识的过程,这可以让学生更加高效地学习，也可以训练学生的大脑。

既然在头脑中搭建组块对于知识的学习如此重要，那么搭建"强有力"的组块就可以设计到慕课的课程计划当中。有的研究总结了慕课课程设计中搭建强大组块的步骤：首先，慕课课程设计需要让学习者经历学习的全过程，每一步骤都不能省略；其次，要形成能够重复观看的知识点，格外注意那些知识点的关键特征；接着，要有课程之后的习题、思考和分享，为质疑、探究和促进发散思维形成留出足够的时间；最后，需要利用所学的慕课课程，解决相关的实际问题。这就是一门优秀的慕课课程将理解、应用、强化和迁移等认知心理学因素融合在一起的过程。通过这一过程，神经元网络得以不断联结，知识的组块就更加强大。❶

慕课课程的主要任务就是帮助学生掌握科学文化知识，发展智力、体力，形成思想道德。可以说，知识学习是学校教育教学工作的主要内容，也是教育目标实现的基础。为了帮助学生多快好省地掌握科学文化知识，学校教学的一整套流程被设计出来，从教学目标的制定到教学内容的选择与加工，再到教学方法手段的应用和教学组织形式的选择，以及教学评价与反思的展开等全要素全流程都经过了深入的研究和大量的实践。教师教学生学习知识的一整套工作流程也非常成熟。可以说，教育学领域对学生知识获得的研究经过千百年来教育工作者的发展已经非常成熟。但是，这种研究偏向学生知识获得的原理以及教师工作机制，是强调从外部干预的角度来帮助学生解决"生有涯"而"知无涯"的矛盾，很少从学生知识获得的内部过程进行展开。这并不是教育学研究的缺失，反而是学科的特色。教育本身就是一种合目的地塑造人的行为，对人发展的外部干预是它的典型特征。这一特点为我们研究学生知识获得的过程机制提供了新的可能，使研究不至于落入纯粹地揭示内部过程而实际操作性不足的尴尬局面。既揭示学生知识获得的内部过程，又使这一过程具有较强的可操作性，是我们研究学生创新素质的重要目标。

---

❶ 张嘉桐. 基于认知负荷理论的数学多媒体认知加工模型研究 [D]. 沈阳：辽宁师范大学，2016.

在教育学领域，教学认识论对学生知识学习内部过程的揭示是比较科学的。教学认识论❶认为教学过程本质上是一种特殊的认识过程，是在教师的引导下，学生个体认识发展的过程。这一过程是学生主体外部活动，即实物性的操作，感性的实践活动与学生主体内部活动，即知情意的活动相互作用的结果。学生学习的过程就是外部活动与内部活动双向转化的过程，这一过程由外部活动的内化和内部活动的外化两个相顺承的过程构成。

外部活动的内化过程是通过对实物的操作进行具体动作思维，同时用言语来表述，进而脱离直观，借助表象进行思维，最后在此基础上进行符号操作，从而实现知识的内化。心理学的研究证明，外部过程先于内部的智慧活动，所以在教学中学生学习知识总是先从外部活动开始的。在外部活动内化的过程中，教师扮演着重要角色，是客观知识内化于学生头脑中的必备条件。教师通过对教学活动进行打开和简化这两个方面帮助学生将外部客观知识内化到头脑中。打开，即教师将客观知识中内含的知识探索论证过程在实物和语言水平上展开，让学生充分了解这一过程，促进学生对知识的深刻理解，而不是将知识囫囵吞枣"填鸭式"地灌输给学生。简化，即教师帮助学生打开知识内含的探索论证过程之后，还应该对这一过程进行充分的简化，省去那些次要的、多余的、无关的、重复的部分，将最精华、最重要的部分呈献给学生，以帮助学生在最短的时间内掌握知识。

在将外部活动内化到学生头脑中后，就基本完成了知识向内的学习过程。但对于学生发展来说，仅仅完成这一过程还远远不够。学生学到的知识还必须能外化于行才算真正获得了知识。因此，教学认识论认为在外部活动的内化过程之后，还有内部活动的外化过程。所谓内部活动的外化是指学生将学习到的知识用语言、文字、符号、动作、行为等方式转化到外部世界的过程。学校教学活动中常见的外化是答题解题。学生将某个知识点学习到头脑中后，只有能运用知识点解答相应的题目，我们一般才会认

---

❶ 王策三. 教学认识论（修订本）[M]. 北京：北京师范大学出版社，2002.

为学生掌握了这个知识点。如果学生不能解答相应的题目，那么就不能说学生已经掌握了知识点。这是一种直白的、通俗的表达。我们也可以将这一过程称为知识的应用过程。应用的类型有很多，例如复现式应用，即学生能将学到的知识原模原样地应用到相同的情境中，也可以称为直接应用；创造式应用，即学生能将学到的知识应用到不同的情境中，也可以称为迁移式应用。

通过分析外部活动的内化与内部活动的外化，从教学的层面较为深刻地描述了学生知识学习的过程，对于揭示学生知识获得的内部过程机制具有重要启示。

如果说教学认识论还是从哲学的层面揭示学生知识学习过程的本质，那么布鲁姆教育目标分类学就是从十分具体的工作层面探索了知识学习的一般过程。布鲁姆在其教育目标分类学[1]的认知领域的目标中首先对知识的维度进行了细分。他将知识划分为事实性知识、概念性知识、程序性知识、元认知知识。然后从目标设置的角度大体勾画了目标实现的过程，即知识学习的过程。这一过程由记忆、理解、应用、分析、评价、创造六个阶段构成。记忆，即从长时记忆中提取相关知识，可分为再认和回忆两个类别；理解，即从包括口头、书面和图形等传播的教学信息中建构意义，可分为解释、举例、分类、总结、推断、比较、说明七个类别；应用，即在给定的情境中执行或利用某种程序，具体包括执行和实施两个类别；分析，即把材料分解成各个组成部分，并确定各部分之间的相互关系以及与总体的关系，由区别、组织、归属三类行为构成；评价，即基于标准做出判断，可分为检查和评判两种行为；创造，即把要素放在一起形成连贯的或实用的整体，重新组织要素成为一种新的模式或结构。这些维度在表述上虽然是以陈述教学目标的方式呈现的，但还是揭示出学生知识学习的一些过程理解，对我们分析总结学生知识获取的一般过程机制有重要意义。

在教育学领域，还有很多研究者对学生知识学习的过程进行了揭示。

---

[1] 洛林·W. 安德森，等. 布卢姆教育目标分类学：分类学视野下的学与教及其测评 [M]. 修订版, 完整版. 蒋小平, 张琴美, 译. 北京：外语教学与研究出版社, 2009.

如潘洪建将知识获得的过程概括为积极内化（同化与整合）、主动生成（主动搜索、主动发现、主动生成）、合作建构三个方面。❶ 这些研究也是我们归纳总结学生知识获得的过程机制的参考依据。

四、知识获取过程机制对慕课课程设计的影响

综合各个学科、领域的研究成果，我们以过程性、操作性、简易性为原则，对各研究揭示的学生知识学习过程进行分析、归纳、提炼，总结出学生知识获取的一般过程机制。知识获取的过程性是指，学生知识获取的过程机制必须能反映学生知识学习的内外部全过程；知识获取的操作性是指，学生知识获取的过程机制必须具有较强的可操作性，即教学操作性和研究操作性；知识获取的简易性是指，学生知识获取的过程机制需简单直白，不追求繁杂。具体来看，学生知识获取的过程机制由两个阶段组成，即知识获取阶段和知识重组阶段。知识获取阶段又可以细分为三个阶段，即目标聚焦、理解、直接应用；知识重组阶段又可细分为两个阶段，即建构和迁移。

将学生知识获取的一般过程机制划分为知识获取和知识重组两个阶段，这是以学生头脑内部对知识的加工处理过程为基础的。学生在习得以语言符号为表达形式的知识的过程中，先是经历直接习得这一语言符号的过程，然后会经历一个对语言符号进行重组的过程。直接习得的过程，我们用知识获取来命名，重组的过程我们以知识重组来命名。学生在知识获取的过程中，首先需要对知识进行目标聚焦，即选择性知觉，主要是考察学生能否在教师讲授的知识中准确地找出目标任务或重点。这是学生正确进行知识习得的基础。如果学生无法准确地聚焦知识学习的目标任务，那么他的学习就有可能偏离正常的轨道，就无法保证学习的结果。其次，在准确地聚焦到知识学习的目标任务后，就开始了正式

---

❶ 潘洪建. 知识获得：积极内化、主动生成、合作建构 [J]. 新疆师范大学学报（哲学社会科学版），2004（2）：152-155.

的学习，他需要对知识进行理解，即能准确理解教师所讲知识的正确含义，将呈现知识的语言、文字、符号内化于自己的头脑中。最后，在理解知识的内容之后，还不算学会了知识，还需要能将学到的知识应用到对应的场景中去，即能直接应用学到的知识。至此我们就可以认为学生已经初步习得了知识。但是，在以学生发展为价值追求的现代学校教育中，仅仅达到知识获取的阶段还是不够的。创新素质要求学生能将习得的知识应用到不同的场景中，创造出新的东西。因此，在知识获取的过程中，还有学生对知识的重组利用。在知识重组的过程中，学生首先需要对以语言、文字、符号等抽象存在的知识进行再次的理解建构，即将知识与经验相结合产生新的东西或新的想法。这是创新素质培养的重要环节，学生只有能对知识产生新的理解，才有创新的意识和创新的能力。学生在对知识进行重新建构后，还应当能把新的东西或新的想法付诸实践，即能将学到的知识迁移到不同的场景中，做到举一反三。知识重组才是学生创新素质的真正发端。

在传统课堂教学中，教师在内容组织、材料收集、教学设计、教学考核、课堂反馈等诸多环节中，均具有相对独立的控制权。教务管理部门仅在规范上对教师教学提出要求，学生在课堂教学和课后的网络评价中可以提出个人意见或建议，教师可以根据学生的反馈调整自己的教学。但这种调整总体上受到时间、地点、课时的限制，相对而言，仍是教师主控课程的格局，教师的主要功能是课堂知识的传授与讲解。但在慕课学习中，在知识内容的选择与传播上，教师的权威受到了挑战。慕课知识传播以网络作为传播媒介，因此具有了网络的匿名性、碎片化、海量规模等天然媒介属性，而教师与学生均是通过网络参与到知识传播过程中。因此，庞大的学生规模和无组织的学习行为，间接的知识演化与重组，都对教师单一主体的知识选择与组织形成了冲击。

一方面，在慕课课程学习中，个别知识储备量大、表现活跃的学习者很容易通过网络的放大，成为慕课分享群众的"意见领袖"，提出自己对课程知识内容的观点并影响其他学习者；另一方面，大数据的学习效果分析，也直接促使教师据此对知识内容进行筛选与传播。传统教学中，由于班型限制，学生数量难以形成规模，在平时作业及考核中的共性不易辨识，可能会使教师忽视自己教学中存在的问题。但在慕课学习中，如果通过课程测验，看到大规模的共性错误，那么便可以说明，教师在这个知识点的讲授上存在问题，需要更正。因此，为保持课堂活力和有效教学，教师对知识传播的内容发展，将从主动性走向兼具强制性的趋势。教师的全程"中心决策权"将在慕课知识传播的流程中发生偏移，更加倾向于前端设计与后端调整。

由于教师在慕课教学中，中心地位发生偏移，直接权力被弱化，面对大规模匿名且需求各不相同的学生，对人的管理变得尤为复杂与困难，因此，教师对课程知识内容的归纳、总结与引导，可以成为在知识传播过程中发挥隐性作用的重要手段。非慕课的教师，虽然受到慕课资源的冲击，甚至可能退出讲台的主导位置，但组织、指导学生对慕课的学习讨论与互动，使得非慕课教师的隐性作用更加重要，教师需要从教学者向助学者转变角色，以面向学生的助学、导学为重心。

在知识传播的过程中，知识作为传播内容，起着关键性的作用，知识的选择、组织、加工与深化，决定着知识传播的层级与深度，也体现着知识传播者的主观判断，间接地表达知识传播者的倾向。慕课课程中的微视频决定了知识的碎片化，而碎片化的学习和知识必须基于系统设计才能形成知识框架与图谱。因此在慕课教学中，教师面向虚拟的学生群体，要将课程知识内容逐渐分解细化，并形成知识链条，把握知识关系，厘清知识结构。知识传播过程中，前端知识基础的设计、知识点的划分、知识环节的衔接、知识测评、知识发展、最终考核，都将体现教师对知识材料的判断与取舍，并对学习者产生引导性的影响。

在慕课学习中，随着知识的延伸与发展，学习者往往试图通过网络搜索，围绕源知识进行相应的拓展，与此同时，也会在一定程度上出现与慕课课程本身无关的外围探讨。对于这些松散的知识材料，需要慕课设计者及时地总结归纳与引导，梳理清知识之间的脉络关系，吸收合适的知识材料进行重组，更新原有的知识体系，便于慕课学习者形成系统的知识结构。而一些学校，也已经开始尝试使用慕课进行双师教学，以提高课堂效率。即学校教师首先收看慕课视频，结合课程本身进行知识学习与解读，然后在课堂上播放慕课视频，组织学生收看慕课教师的讲授，并在疑点难点处暂停视频进行详细讲解，辅助学生理解，与学生分析作业，交流研讨，形成有组织、有层次的慕课与课堂双师教学。这种教学形式，对学校教师的知识组织、慕课内容与原有课程内容的融合、教学节奏的把握，都提出了更高的要求，教师只有在对慕课非常熟悉的前提下，结合学生的具体学情，预判教学难点与重点，才能有效组织课堂，提高课堂学习效果；同时，课堂教师也可以跳出慕课内容的现有框架，提供给学生多渠道解决问题的思路，拓宽学生对知识的理解。

第三章　知识分享在知识内化过程中的作用

　　计算机技术的日新月异以及因特网的普及，极大地改变了千年来人类数据信息记录、储存、应用、传递及分享的形态。传统的读书识字可能无法满足学生的需求，利用慕课学习的特性以及所创造的学习环境，培养学生的主动学习习惯及持续的学习活动，并规划出以学习者为中心的教学模式，已经成为当前各国高等教育竞争的核心内容。

　　2012年，美国图书馆专业学会发表的白皮书指出，美国几乎有三分之二的大学生认为网络是他们获得信息与知识的最佳途径。然而，即便在美国，高校的慕课网站也并非为教育目的设计，网络上的慕课内容水平参差不齐，学生在海量的信息中努力学习时，必须确认、比较、评估或解释、整合来自网络的慕课信息。而相关研究也发现，即便是成人学习者，在开展慕课学习的过程中，往往也缺乏有效能的思考。造成这种情况的原因到底何在？

　　慕课学习作为一种打破学习者仅限于在学校内获取知识的传统方式，已经延伸至各个年龄段的学习者。按照乐观的估计，学习者可以通过网络信息平台，对提供的知识信息进行学习，或利用因特网作为探索信息及资源的工具，进行知识分享。这种分享自然会促进学习者认知结构的变化。同时，通过在线教材，包含同步与异步的方式，以网络为实施平台，各种学习资源皆能够取得。无论是在高校还是在职业学校或者在社会学习环境中，学习者与引导者或是同伴间的交流，都被认为是慕课学习的一种典型的成功体验。

　　但是很多研究发现，通过互联网搜寻或分享资料虽然具有快捷性与便利性，但如果完全依赖网络搜寻所得信息作为知识的来源，舍弃专业期刊或学术著作的深度阅读，学生往往缺乏对知识结构体系、内涵外延的掌握。由此可能造成对信息正确性与真实性的判断不够充分。本章通过聚焦高校学生和社会学习者在学习过程中的知识内化过程，试图对这一过程进行深入解析，对慕课的认知方式、如何影响人们的学习加以探讨。

一、知识内化与慕课学习

知识内化理论（Internalization of Knowledge）源于法国社会学开创者涂尔干（Durkheim）和心理学家让内（Janet）的研究，经过苏联以维果茨基（Vygotsky）为代表的维列鲁学派的发展，在美国学者的推动下形成一个研究高峰。知识内化过程在课堂教学中的运用，突出体现在教师将学习内容通过一定的教学策略与方法，促使学生通过自己的认知活动，对学习内容的结构、内涵与外延有充分的认识，并转变成学生头脑中的内部知识的过程。[1] 心理学的研究指出，这一过程使课程内容与学生主体认知结构中已有的知识建立起内在的联系，形成新的认知结构（头脑里的知识结构）。[2] 我们常提到的"高认知"，即拉金（Larkin）、雷福（Reif）等欧美学者在20世纪七八十年代提出的概念。[3] 这种高层次的认知结构（high-level cognitive structure）越是有序化和组织化，其内化的知识智力价值就越高。20世纪80年代以来的博科（Borko）等英美学者在他们的研究中指出，正是由于内化的知识便于提取和利用，具有较高的可利用性和迁移性，从而有利于提高学生解决问题的能力。他们的研究证明，经过内化的知识体系在被学生运用的过程中，其学习效果远远优于通过加强外部学习动机让学

---

[1] KINTSCH W, VAN DIJK T. A. Toward a model of text comprehension and production [J]. Psychological Review, 1978 (85): 363-394.

[2] BEREITER C. Toward a solution of the learning paradox [J]. Review of Educational Research, 1985, 55 (2): 201-226.

[3] LARKIN J H, REIF F. Analysis and teaching of a general skill for scientific Text [J]. Journal of Educational Psychology, 1976, 72 (2): 348-350.

生反复记忆零散、杂乱知识。❶

"知识内化"这个概念不仅属于教育学范畴,还属于心理学范畴。心理学中与"知识内化"这个概念最贴近的是认知发展理论(Theory of Cognitive Development),它是世界著名发展心理学家让·皮亚杰所提出的,被公认为20世纪发展心理学上最权威的理论。在认知发展理论中,皮亚杰阐述了几个重要的概念:图式、同化、顺应和平衡。图式是儿童对某个事物加以区别和概括的认知结构,这个结构是对一个事物的知识汇编。当受到新事物的刺激时,如果图式(认知结构)只是扩大和进一步固化,则为对新事物同化,这一过程实现了量的变化;如果图式更新重塑或裂变产生新的图式,则为对新事物顺应,这一过程实现了质的飞跃。与此同时,同化与顺应之间必须达到一定的平衡,因为如果只有同化而没有顺应,会给人带来辨识力的缺失;而如果只有顺应而无同化,则会造成逻辑上概念的混乱。对事物同化与顺应的过程,也是对事物共性与个性的认知过程。虽然这几个概念解释的是儿童认知结构的生成及其发展的整个过程,但理论上这样的一个过程也被认为适用于成人,因为成人的图式是由儿童的图式建构生成的,人对事物的认知都会遵从这样的发展路径。依托认知发展理论,"知识内化"的过程可视为人对事物认知结构的生成与发展的运动过程,在这一运动过程中,人对外在事物的认识经历了由浅入深、由表及里、从表象到本质的内化过程。从这个意义上来看,"知识内化"对人们世界观、价值观和人生观的形成有深刻影响,而人心理的健全与智力水平的发展更与此密不可分。❷

近年来,欧美有关慕课的研究重新开始理解知识内化的特点。例如,在对多达1000多门慕课的研究进行追踪后,威尔曼(Wellman)的研究发现,加入慕课的美国高校学生和社会人士更加看重网上的交流和讨论。研

---

❶ BORKO H, LIVINGSTON C. Cognition and Improvisation: Differences in Mathematics Instruction by Expert and Novice Teachers [J]. American Educational Research Journal, 1989, 26 (4): 473 – 498.

❷ 瓦兹沃思 B J. 皮亚杰的认知和情感发展理论 [M]. 徐梦秋, 沈明明, 译. 厦门: 厦门大学出版社, 1989.

究也发现互动频度增加的同时，慕课参加者对知识本身的结构性特征的了解程度却在下降。❶ 根据戈瑞尔（Gorrell）等的研究，个体在学习过程中的知识"内化"，是学习的核心特征。"内化"作为认知过程中的一个隐喻性概念，意味着学习者在"目标知识、前知识和迁移知识"三要素上的自我认识。❷

长期以来，研究者关注的知识内化过程，更多地发生在传统的课堂当中。学生的认知过程是在教师引导的过程中，通过教师的帮助将新知识套入一个进行自我认知参照的架构中，使所学知识得到对照、区分、整合等。国外相关的研究揭示了学习者的知识内化过程决定着在线学习的结果。即学生如果能够有明确的目标，能够将新知识与前知识紧密结合以及注重学习内容迁移等，在网络搜寻及信息处理过程中，就能更好地判断与调整自己对相关信息的理解。❸ 这些研究都表明，学习者能否达到知识内化的要求，是影响网络学习成效的重要因素，而这种知识内化的过程需要教学引导方能实现。

但是，学习者在慕课学习过程中，是否也像课堂内的学习者一样完成了类似的知识内化过程，目前尚没有充分的研究。尽管从 2012 年开始，国内在慕课的研究中出现了对教与学的关注，例如，一些研究提出了慕课中学习有关默会知识特征的问题。❹ 周天梅的研究从理论上进行了推论，认为知识"内化"是个体对接收到的知识进行消化吸收、重构为学科思维的过程，可以通过梳理相关知识的研究主线明确其基本研究方法，厘清知识模块间的相互联系，构筑立体交叉知识网络体系等途径加强学生知识内

---

❶ WELLMAN H M. The Origins of Metacognition [M] //D L. FORREST - PRESSLEY, D. MACKINNON, T G. WALLER. Metacognition, Cognition, and Human Performances. San Diego: Academic, 1985: 1 - 31.

❷ GORRELL G, EAGLESTONE B, FORD N, et al. Towards metacognitively aware IR systems: An initial user study [J]. Journal of Documentation, 2009, 65 (3): 446 - 469.

❸ DESTEFANO D, LEFEVRE J A. Cognitive load in hypertext reading: A review [J]. Computers in Human Behavior, 2007, 23 (3): 1616 - 1641.

❹ 李颖. 默会知识论关照下的教师知识共享机制的生成 [J]. 当代教育科学, 2019 (5): 3 - 7, 24.

化、运用能力的培养。❶ 对专业教师来说，为提高教学质量和教学效率，就需要在教学过程中加强学生专业知识内化和运用能力的培养。此外，周洁等研究者在慕课的学习者身上发现了从单一的信息传递向多维度信息联结，从聚焦师生互动转向师生"离场"后的教学特征。❷ 但是，对慕课教与学的层面的关注从总体上来看数量还远远不够，已有研究的深度也还有待挖掘。

二、知识内化对个体认知的影响

知识内化会影响个人对学习活动的理解与认知，在学习、高层次思考及问题解决上扮演关键角色。有些研究认为，知识内化是相互独立且不同面向组成的多向度知识内化体系，可以通过量化的问卷测量而得。美国密执安大学（The University of Michigan）的霍弗（Hofer）与宾特里奇教授（Pintrich）曾经质疑传统研究认为知识内化是一种个人特质的假设，他们积极调和知识内化之发展模式与独立信念系统模式两个观点，基于新皮亚杰理论（Neo-Piagetian）、认知心理学与科学学习的实证研究结果，提出了整合而更具理论性的个人知识内化理论。❸

霍弗与宾特里奇认为，虽然个人知识内化的研究在学术用语上尚未统一，但其内涵皆指涉学习者对知识与认识的看法，包括知识限制的信念、如何建构知识、如何评估知识、认识如何发生、知识来源等。他们关于个人知识内化的理论不但保留彰显知识观复杂性的多元向度观点，更强调个人观点间的整合与对知识本质的探究，适合作为探究慕课学习时知识内化的理论基础。霍弗与宾特里奇提出的"四向度知识内化结构"包括：知识的本质为何（作为个体，你相信知识是什么？）与认识本质（个体是如何

---

❶ 周天梅. 论知识内化教学：一个素质教育的关键问题［J］. 西南民族学院学报：哲学社会科学版, 2001, 22（8）：208-211.

❷ 周洁，徐文龙. 基于MOOCs环境中的成人自我导向学习研究［J］. 成人教育, 2020, 40（7）：14-19.

❸ HOFER K B, PINTRICH R P. The development of Epistemological theories: Beliefs about knowledge and knowing and their relation to learning［J］. Review of Educational Research, 1997, 67（1）：88-140.

知晓知识的?),知识本质又包括知识的确定性(certainty of knowledge)及知识的简单性(simple of knowledge)两大面向;认识本质或历程则包括认识的来源(source of knowledge)与认识的辩证关系(justification for knowing)两大面向(见图3-1)。

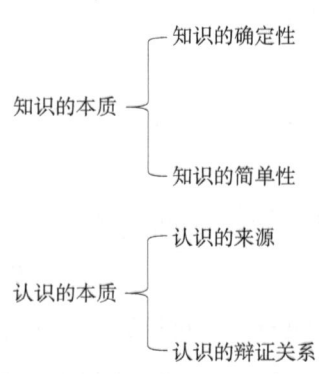

图3-1 知识本质和认识本质

在"四向度知识内化结构"中,知识的确定性是指对知识是变异性或确定性的看法,由视知识为固定或实体的绝对事实,到视知识为暂存而进化的程度;知识的简单性是指个人视知识为孤立事实的累积,到高度相关、相对而具联系依存的程度;认识的来源则是关于由个人视知识源于己身之外的权威,到视个体为主动知识建构者的程度;而认识的辩证系由基于客观和权威为认识辩证,到基于应用探究规则及专家评估进行辩证分享的过程。霍弗与宾特里奇认为,按照学校教育的传统路径,个人早年的知识内化尚未分化,但随学习阶段的上升、教师的引导和学习环境的影响,进入高中阶段后期,知识内化的过程会明显加快。到大学阶段,每个学习者经历了认识阶段的变化,即把外部世界当作绝对正确的来源,转变到知识的相对正确性;由关注自身的体验转变为逐步将他人的理解加以吸收、兼容的过程;由高度承认教师、书本和权威的观点,转向自己开始构建对世界的理解等过程。这种对外部世界的认识逐步转向成熟、复杂的过程,就是知识内化的过程。同时,霍弗与宾特里奇也指出,这个过程并非从无到有,在每个个体身上均会出现。许多人在进入成人阶段后,由于学习环境和教育者引领程度等方面的差异,知识内化的过程会出现不同的差异。

关于知识内化机制，除了欧美学者的研究，日本学者的研究也具有一定的参考价值。1995年，日本著名学者野中郁次郎（Ikujiro Nonaka）和竹内弘高（Hirotaka Takeuchi）在《知识创造公司》一书中提出了隐性知识和显性知识螺旋递进的模型，野中郁次郎称之为知识螺旋；2000年，野中郁次郎又进一步阐释了螺旋递进模型的演进过程[1]。这个模型包括社会化（socialization）、外化（externalization）、结合化（combination）和内化（internalization）四个阶段，简称SECI程序（见图3-2）。社会化是隐性知识通过经验分享、言传身教等潜移默化的方式将不易于理解和表达的知识转化为另一种隐性知识。外化是将隐性知识显性化，转化为可以文书表达和传播的显性知识。结合化是显性知识通过集合、汇编等方式转化为另一种更系统全面、更易于交流沟通的显性知识。内化是个人通过学习将显性知识转化为自己的隐性知识，一般是在"做中学"（learning by doing）。

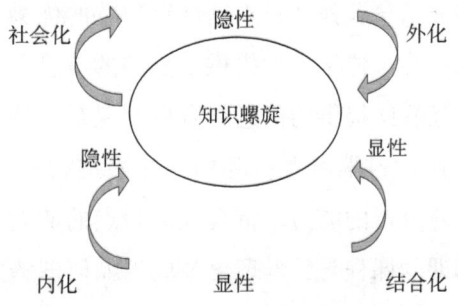

图3-2 知识螺旋

霍弗在早期对美国高等新生的认知情况进行研究时发现，刚刚进入高校学习的美国大学生的认知系统中，并没有消除二元绝对认知特征，即他们还会认同知识是确定不变的且源于权威。[2] 但是，欧洲的学者较早就发现，学习者大学期间更为开放的学习环境、教师建构式的课堂教学，以及

---

[1] NONAKA K. A firm as a knowledge-creating entity: A new respective on the theory of the firm [J]. Industrial and Corporate Change, 2000, 9 (1): 1-20.

[2] HOFER B. Epistemological beliefs and first-year college students: Motivation and cognition in different instructional contexts [D]. Los Angeles: Paper presented at the annual meeting of the American Psychological Association, 1994.

互联网技术的迅速发展，促进了他们知识内化的过程。十多年前，意大利帕多瓦大学的学者梅森（Mason）和波尔德林（Boldrin）等人在研究中发现❶，学生的知识内化特征会影响网络信息的查找，当他们搜寻信息和评估信息来源时，已有的知识内化特点会影响他们对信息的选择、判断和评价。在互联网已经深刻影响高等教育领域学生的学习、分享和交流过程中，那些具有较好知识内化特征的学习者较有能力处理信息冲突的问题；而具有不成熟知识内化的学习者，倾向于直接接受所触接到的信息与观点，较少去质疑、讨论或主动与其他同学分享想法。尽管两位学者没有针对慕课学习者开展研究，但上述研究也反映出对网络信息的筛选、检验并非自动就可以完成的，而是需要学习者有意识、有目的地去启动对知识本质与认识来源的辩证与反思。

从教育的角度来说，比起传统的图书馆、档案资料，互联网提供的信息具有多媒体、多元信息及弹性、互动性等独特的优势。通过互联网获得更多的数据、信息，为个体学习者提供了更多的信息量。同时，比起传统的信息获取渠道，互联网提供的信息具有更加复杂的特征，混杂了更多的需要分辨的信息。因此，学习者在利用互联网进行信息搜寻或讨论学习时，必须培养起信息分辨的能力、审视权威观点的能力、知识管理的能力等一系列能力。慕课的课程与教学理念中应当如何理解并运用知识内化的特征，是值得探讨的问题。

三、知识分享对知识内化的影响

慕课，特别是 xMOOCs 不同于传统的课堂学习之处在于，与相对封闭的课堂学习相比，慕课为学习者提供了知识分享的更多途径。在传统课堂上，分享主要通过师生互动和生生互动实现，分享在有限的上课成员之间进行，较少涉及课堂之外的其他学习者。但对于学习者来说，知识分享成

---

❶ MASON L, BOLDRIN A, ARIASI N. Epistemic metacognition in context: Evaluating and learning online information [J]. Metacognition and Learning, 2010 (1): 67-90.

为慕课学习中的重要组成部分。知识的分享之所以能够成为慕课课程中的重要基础,是因为知识分享具有社会性和可增值性。

《中国大百科全书》对知识进行了如下定义:"所谓知识,从其内容而言,是对客观事物的反映,即人脑对客观存在的主观反映;从反映形式而言,既包括主体对客观事物的知觉或表象,即感性知识,也包括关于对客观事物规律的认识,即理性知识。"[1]

国外学者对知识共享主要从四个角度(知识转化、学习、沟通以及知识交易)进行定义。如前所述,包括日本学者野中郁次郎等在内的学者,从理论知识转化的视角建立了知识共享的 SECI 模型,知识通过成员社会化、外化、组合化以及内化四个循环往复的过程以实现知识在个体、团队以及成员之间的共享。[2] 美国麻省理工学院(MIT)斯隆管理学院资深教授彼得·圣吉(Senge)认为知识是一种"有效行动的能力",知识共享的实质是通过学习使得他人"获得有效行动力的过程"。[3] 在圣吉看来,知识分享为协助他方发展提供了有效行动的能力。同时,知识分享必须与对方互动,并成功地转移至对方,形成对方的行动能力。因此,有意义的知识分享必须能协助他方有效行动,知识分享如果只是从别人处取得某些东西,那只是信息分享,唯有在一方愿意帮助另一方发展新的行动力时,才可以算是真正的知识分享。

荷兰内梅亨大学的保罗·亨德里克斯(Paul Hendriks)副教授则认为,知识共享与沟通有关,知识共享至少应该包括知识拥有者和获取知识者,知识拥有者以某种形式或途径有意识地、自愿地传达其知识,而获取知识的一方则要能够理解获取的知识并重构知识。知识共享包括知识拥有者的

---

[1] 中国大百科全书编写组. 中国大百科全书:教育卷 [M]. 北京:中国大百科全书出版社,2004:1135.

[2] 竹内弘高,野中郁次郎. 知识创造的螺旋:知识管理理论与案例研究 [M]. 李萌,译. 北京:知识产权出版社,2006:8-9.

[3] SENGE M P. The Fifth Discipline: The Art & Practice of The Learning Organization [M]. New York: Doubleday, 2006.

外化和知识接受者的内化两个过程。[1]

国内学者则将知识共享视为将个体知识通过某种途径扩散到团队或组织层面。例如，清华大学的闫芬和陈国权认为，"知识共享是指员工通过互相交流使个体知识经验扩散到组织层面"[2]。浙江大学管理学院的魏江和王艳则从知识存放点和共享内容转变的视角提出知识共享是指员工个人的知识（包括显性知识和隐性知识）通过各种交流方式（如电话、口头交谈和网络等）为组织中其他成员所共同分享，从而转变为组织的知识财富的过程。[3] 但是，国内目前的研究还较少从慕课的角度进一步梳理知识共享内涵的界定。目前对知识共享的理解主要集中在对企业、公司等组织内，主要归纳出的特点包括三个层面（个体、团队、组织）、两个过程（内化、外化）以及五个要素（知识共享的提供方、接收方、客体、渠道和环境）。

知识分享对知识内化的过程会产生怎样的影响？本研究团队结合慕课课程的设计，从心理动机、社会交换和网络技术三个方面进行相关的探讨。

（一）心理动机角度下知识分享对知识内化的影响

基于班杜拉的社会学习理论，动机是行为发生的关键性决定因素。[4] 由此可以认为，在慕课学习的过程中，知识共享是一种社会学习行为。知识共享动机既源自学习者个体的认知，也受到学习环境的影响。学习环境因素包括先行决定因素和后继决定因素，在后继决定因素中，外部强化强调激励措施要满足个体需要层次；替代性强化要符合亚当斯的公平理论提出的强化内容的公平性和合理性。对知识共享的激励报酬不仅要强调绝对量的公平，而且要照顾到报酬相对量的公平；而自我强化在知识

---

[1] HENDRIKSP. Why share Knowledge? The influence of ICT on the motivation for knowledge sharing [J]. Knowledge and Process Management, 1999, 6 (2): 91–100.

[2] 闫芬，陈国权. 实施大规模定制中组织知识共享研究 [J]. 管理工程学报，2002 (3): 39–44.

[3] 魏江，王艳. 企业内部知识共享模式研究 [J]. 技术经济与管理研究，2004 (1): 68–69.

[4] 阿尔伯特·班杜拉. 社会学习理论 [M]. 陈欣银，李伯黍，译. 北京：中国人民大学出版社，2015.

共享过程中起主导作用,更多体现的是对马斯洛需求层次中自我实现的追求。

在对慕课学习者知识共享行为的分析中,我们发现慕课学习者的外在激励基本符合马斯洛提出的五大需求层次,但慕课学习者的需求并不是按部就班地遵循马斯洛需求层次的变化模式,也有可能出现跨越层次的需求。美国密歇根大学心理学教授和社会研究所组织行为室主任爱德华·劳勒(Edward Lawler)、加州大学管理研究院院长和管理及心理学教授莱曼·波特(Lyman Porter)提出了波特—劳勒综合激励理论,将知识共享的激励过程看成是外部激励、个体内部条件、行为表现和结果相互统一的过程。他们提出了个体"内在报酬"的理论,即一个人由于工作成绩良好而给予自己的报酬,如感到对社会做出了贡献,对自我存在意义及能力的肯定等。它对应的是一些高层次的需要的满足,而且与工作成绩是直接相关的。从慕课学习者的分享过程中可以发现,慕课设计者有针对性地为慕课学习者提供精准的"靶向"激励措施。在慕课学习当中,这种关系联结了"分享过程"与"内在报酬"。也就是说,一个慕课学习者要把自己通过分享所得到的认知收获,同自己仅仅是通过课堂学习得到的收获相比较。如果他认为高于传统的课堂学习的效果,他就会感到满足,并激励他以后更好地努力。

从这一理论基础出发,对慕课课程设计来说,与传统的课堂教学设计不同的是,慕课课程设计更着重于形成课程的学习团队。传统课堂学习在一个学期结束后,成员之间的联系基本中断,但是慕课课程的设计应该定位于一个学习型组织,其中的学习者与其他课堂学习者不同之处在于学习者来源的多样性(即包括多学科背景、多领域成员甚至多文化背景)、学习者前知识/经验的丰富性往往大于课堂学习形成的自然群体。因此,与课堂班级的学生相比,慕课学习者在知识分享上具有一定的差异性,学习慕课的过程是个体获得持续性发展和个体价值自我实现的过程。如果良好的慕课课程设计基于这样的基础,特别是通过互动、分享、挑战、激励等方式开展课程设计或者教学,慕课学习者将会自觉参与到知识共享活动中来。因而,慕课的设计要关注学习者的自我实现,留有充分的途径和时间让学习者进行相互的交流、互动,而不能仅仅等同于课堂教学内容的再现。

如果说获得慕课标注的学分、拿到作为慕课发布者的优质名牌大学签章的学习证书是慕课学习的外在动机,那么慕课学习的内在动机,即通过慕课的学习达到学习者内在的需求,形成满足感,这个过程对于慕课课程的设计和教学来说是关键性的因素。内外动机对人们知识共享行为的驱动作用已经在广泛的研究中得到证实。内在动机是行为主体的内在需求可以得到满足,获得知识后的自我价值感和帮助他人的愉悦感是促进知识共享的内在动机。从知识共享满意度的角度来看,动机理论可以很好地解释慕课学习者的知识共享行为。

如果慕课学习者期望他们的知识共享可以获得相对较好的回报,而且成员对其内外知识共享都有很高的满足感,那么他们将更有动力参与知识共享。美国马里兰大学工商管理学院教授凯瑟琳·巴托尔(Kathryn M. Bartol)作为组织行为学领域的专家,长期以来致力于知识分享方面的研究。她提出了知识分享是当代社会发展过程中的一种新型交换过程。这种交换打破了人类以往依赖等价物进行交换的原则。即知识分享者与接收者之间本质上具有一种沟通的过程。知识分享者通过对文本、信息、图片、视频等内容将自身知识外化,知识接受者则通过倾听、模仿、阅读等方式将接收到的知识内化。这种沟通可以帮助学习者快速理解、掌握对方所拥有的信息、经验和技能,并引发思考,促进学习者自身新知识的产生。[1]巴托尔的上述理论为慕课课程设计,特别是知识内化提供了新的思路:在慕课教学知识传播的过程中,不仅需要通过教师自身对知识的结构化处理、图文化内容重构,而且要注重知识的分享。分享本身是知识内化的一个重要组成部分。这种知识内化的作用显然比传统课堂学习中学生之间的知识分享更能发挥作用。

---

[1] BARTOL K M, SRIVASTAVA A S. Encouraging knowledge sharing: The role of organizational reward system [J]. Journal of Leadership & Organizational Studies, 2002, 9 (1): 64-76.

(二) 社会交换过程中知识分享对知识内化的影响

进入数字化时代,高等教育和社会教育的知识交换与传统社会中的知识交换相比发生了明显的变化。传统社会交换是由社会吸引(内在报酬和外在报酬)而产生的,在交换过程中的信任和互惠是维系社会交换的基石。高等教育和社会教育(包括财会、设计等各种专项技能的培训机构)的社会交换与纯粹的经济交换具有明显的不同,因为各方在社会交换中的义务往往没有明确的规定,衡量贡献的标准也不明确。社会交换关系是一系列相互的但不一定是同时发生的交换,这些交换使得各方产生互惠义务。高等教育通过设立招生门槛、强化学科入门和修业要求(限制转换专业、跨专业)以及对选修课程设置(选课人数、学生所处年级)都进行了一系列的限制。社会教育领域也有类似的限制,包括招生背景审核等。从本质上看,传统教育的课程和教学体现的是知识供给方通过提供相对稀缺的知识,获得知识消费方的回报。教师作为知识供给方的中介者,为知识消费方提供相关知识内容,并从教育系统或者培训机构中获得回报;与培训领域不同的是,教师会因为有价值的讨论、互动和交流而产生回报的义务感。

本杰明·尼德加斯(Benjamin Niedergassel)对于社会知识共享模式进行了分析。他认为知识共享是一个社会交换的过程,影响社会交换的条件主要包括"交换伙伴之间关系的发展阶段和特点;进入交易的利益的特征和提供它们所引起的成本,以及交换所发生于其中的社会情境"。知识共享的初始阶段,双方存在知识互补的需求,获取新知识是知识共享的潜在驱动力,一旦进入知识共享,交换伙伴间的信任关系以及原有的关系则会对知识共享产生影响;同时在收益和成本不确定的情况下,相互依赖的伙伴关系也成为知识共享的驱动因素。尼德加斯也指出,知识共享的伙伴关系也受到所处社会环境的影响,包括交换伙伴的角色地位、权力差异、组织中整体共享水平等影响因素。[1] 其他一些学者也探讨了知识分享过程中

---

[1] NIEDERGASSE L B. Knowledge Sharing in Research Collaborations: Understanding the Drivers and Barriers [M]. Wiesbaden: Gabler Verlag, 2011.

社会交换环境具有的不同结构（包括组织支持的感知、组织信任以及成员之间期望互惠关系），以验证它们在个体对知识共享系统的态度方面的影响。尽管慕课课程和教学设计的各个环节都能够影响知识的分享，但其中作用最为突出的是慕课教学设计中对知识分享的鼓励、给知识分享留出更多空间和时间，以及充分探讨的自由度，这些是影响知识共享的三个最为关键的要素。美国亚利桑那州立大学的卡布瑞拉（Cabrera）的研究认为，当学习者感知知识分享受到限制时，会质疑知识分享的意义，降低彼此之间的知识分享愿望度，进而会以增加防御性行为和减少知识共享行为等作为回应，强化对知识的保护和其他学习者的疏远意识，造成知识学习的隔阂。而当学习者心理安全感较高时，学习共同体内部互信氛围浓厚，彼此间积极互动，这将有利于进行知识的交流和共享。美国马里兰大学商学院的巴托尔（Bartol）教授和印度理工大学的斯瑞瓦斯塔瓦（Srivastava）副教授的研究，进一步提出了信任是社会交换的基础，当人们认识到自身处于一个相互信任的环境时，会倾向于与其他人合作共享，并将从信任对象处所了解的信息、知识进行内化。他们的研究指出，与一般的经济交换不同，经济交换是以获得持久的互利互惠关系为目的；知识分享则是个体获得无报酬的反馈的行为，知识分享的内容并不局限于测验内容、作业内容的交换，也可能仅仅是阅读、思考的感受、体会和相似的奋斗经历。在该研究看来，知识共享行为典型地体现了社会交换的基本特征。[1]

因此，作为慕课知识内化研究的基础理论，慕课教学过程中的知识分享作为一种社会交换过程，是教师和学习者、学习者之间，甚至包括学习者与慕课选课之外的外部人士之间，进行探讨、分析和互动，相互之间通过知识的分享获得认同感和成就感，从而满足求知欲的过程。社会交换的过程要求知识共享各方相互信任，以分享、探讨和交流为知识共享的核心原则。在慕课的课程设计和教学中，要给予主动进行知识分享方在学习评价方面的支持。

---

[1] BARTOL, SRIVASTAVA. Encouraging knowledge sharing: The role of organizational reward systems [J]. Journal of Leadership & Organizational Studies, 2002, 9 (1): 64-76.

(三) 网络技术发展中知识分享对知识内化的影响

随着信息通信技术和网络技术的突破,慕课打破了传统高校和社会学习领域中人们知识共享的时间和空间局限,在最大限度上为人们获取新知识拓宽了途径和渠道,加大了知识共享的广度和深度。荷兰奈梅德大学的亨德里克斯(Hendriks)教授认为,信息通信技术会对知识共享动机产生直接或者间接影响,其主要功能在于消除知识共享在时间、空间、社会距离等方面的阻碍因素,拓展互动交流的渠道,改善知识共享单一化模式,为寻求新的知识源提供便捷高效的途径。❶ 作为一种采用协作在线应用程序和技术的学习平台,慕课可以促进和鼓励学习者在学习知识的同时,能够比课堂环境下更多地开展参与、对话、交流和创造活动。伊朗德黑兰大学帕纳西(Panahi)等从社交媒体能够满足人们隐性知识共享要求的功能出发,提出社交媒体为人们的社会互动提供了更好的场所,创造了经验分享的机会,通过建立非正式关系网络,提供有利于观察、倾听和模仿的渠道,帮助参与者间快速建立信任关系,顺利实现隐性知识共享。❷ 美国北卡莱罗那州立大学研究助理弗里曼(Freeman)和巴隆(Branon)的研究访谈了来自7个不同学科的教授、副教授等对慕课在交流分享和合作中使用的看法。访谈结果发现,在慕课教学过程中的知识行为是因学科而异的,不同学科也因慕课课程内容而异。虽然慕课的课程设计也鼓励学习者相互交流,但利用慕课平台的分享、交流频率较低,比如,有的学习者认为慕课平台的学术分享作用有限,也有部分学习者认为更多地应该从阅读和相关的拓展主题的内容中进行分享。❸

综上所述,信息通信技术打破了面对面交流的时空局限性,为知识共享提供了技术支持。但是,信息通信技术在信息的准确性、耗时等方面的

---

❶ HENDRIKS P. Why share knowledge? The influence of ICT on the motivation for knowledge sharing [J]. Knowledge and Process Management, 1999, 6 (2): 91 – 100.
❷ PANAHI S, WATSON J, PARTRIDGE H. Social media and tacit knowledge sharing: Developing a conceptual model [J]. World academy of science engineering and technology, 2012 (64): 1095 – 1102.
❸ FREEMAN S B, BRANON S. What's the value of a learning differences MOOC – Ed? [C]. North Carolina State University, College of Education, 2016.

局限性仍旧降低了慕课学习者之间知识共享意愿。同时，由于人自身具有内在社会性，虽然信息通信技术和面对面的沟通交流在知识共享中的作用具有互补性，但并不意味着慕课的知识分享具有对课堂教学分享交流的绝对替代性。

上述对知识分享的深入探讨，涉及慕课学习过程中的两个主体。一是知识供应方（knowledge providers）。无论是作为高等院校的课程提供者，还是各种知识生产领域的知识提供者，他们必须愿意以 xMOOCs 或者 cMOOCs 慕课的方式，通过精心设计合成好的课程，以网络等方式呈现所提供的知识。二是知识重建者（knowledge reconstructions）。慕课的学习者必须能以分享、探讨、阅读、记录等方式来认知、理解这些知识。

四、知识分享过程对慕课的促进机制

在知识内化过程中，知识分享包含两个基本的步骤：一是知识提供者将知识"外化"（externalization），包括通过视频和 PPT 的制作，帮助慕课开展结构化知识的梳理、知识内容视频制作、分享讨论、作业内容和扩展阅读等课程设计。二是慕课的课程和教学设计更应该注重知识的"内化"（internalization）过程，其行为包括听讲与讨论、分享与交流、提问与反思、质疑与解惑等。上文强调了知识分享在慕课学习过程中的重要作用，下文将细述知识分享对慕课课程设计的促进机制。

在慕课的课程与教学设计中，同样也应该按照研究者提出的知识分享过程，对慕课进行相应的设计。亨德里克斯在《为何要进行知识分享？》一文中，提出了知识分享包含知识传递（transmission）与知识吸收（absorption）两大行为。知识传递是指知识提供者将知识传送给慕课学习者的行为；知识吸收指的是慕课学习者必须将知识吸收消化的行为。进而他提出了一个有关知识分享的公式，即"知识分享＝知识传递＋吸收"。亨德里克斯强调，若分享后的新知识不能让行为有些改变或是开发出新的行为模式，就不算真的知识分享。同时，他又强调，知识分享是一种沟通的过程。知识不像商品可以自由地传递，分享他人的知识时，必须有重建（reconstruction）的行为。

知识分享如同一般的沟通，知识接受者必须具备学习与吸收能力，而中间的障碍则影响知识分享的成效，[1] 如图 3-3 所示。

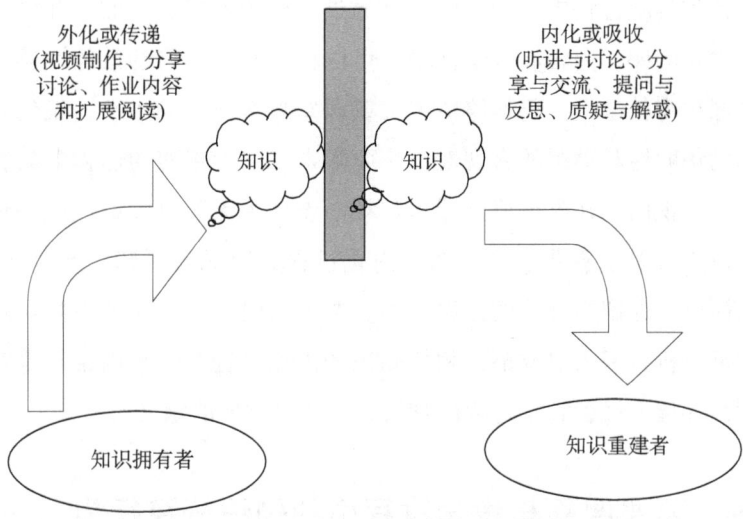

图 3-3　知识外化与内化特点之间的区分

亨德里克斯的理论无疑为慕课课程与教学的设计提供了有益的借鉴。慕课教学过程中的知识分享，从本质上看，即为知识提供者（supplier）与知识接受者（recipient）之间的互动。亨德里克斯用图示的方式说明了知识提供方与知识接受方视角下的知识分享过程，由知识提供者、知识接受者、反馈通道（channel）、知识（knowledge）四项组成。知识提供者拥有知识接受者所需的知识，反馈通道建立知识提供者与知识接受者之间的沟通桥梁，知识接收者提供知识分享后的反馈，如图 3-4 所示。

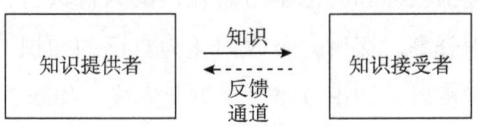

图 3-4　知识分享之互动过程

---

[1] HENDRIKS P. Why share knowledge? The influence of ICT on the motivation for knowledge sharing [J]. Knowledge and Process Management, 1999, 6 (2): 91-100.

本研究认为，在慕课知识的内化过程中，个人知识逐步转化为群体共享知识具有关键性的作用。因此，深入了解知识内化的影响因素，揭示在慕课设计和实施过程中，知识内化是通过怎样的方式实现的，并设计有助于知识内化的课程内容和教学情境，可以促进知识学习的效能，避免当前慕课的课程与教学设计仍然停留在传统课堂教学设计的水平，仅仅是增加了视频的华丽性和动画的直观性，从而落入二三十年前的远程电教教学窠臼当中。知识内化在整个慕课课程与教学设计中无疑是关键性的一环。但是长期以来，对于慕课本身的知识内化过程欠缺深入研究。到目前为止，大多数研究还停留在理论的探讨层面。本节的内容从个人知识内化的角度进行深度分析，深入研究慕课相关知识的内化过程与影响因素，这对于加深对网络环境下教育教学过程的理解具有非常重要的意义。

五、慕课课程与教学过程中的知识分享行为

知识分享行为是参与慕课课程与教学活动师生的一种行动能力，其功能是创造知识的价值。知识分享行为包括慕课设计者、慕课学习者、知识分享者与知识接受者、传递知识的路径与媒介、沟通内容、沟通中的互动等元素。亨德里克斯提出的知识分享模式的观点和知识分享过程图，以及他所强调的知识分享过程中的主体与客体特征，给慕课课程设计提供了具体的参考。在慕课教学中，知识分享行为是由教师和学习者愿意主动分享的学习动机与慕课教学机制共同促成的。在学习过程中，知识分享者将个人拥有的知识与包括教师和其他学习者在内的人群进行讨论、分享，知识需求者则通过知识分享、探讨，吸收内化为自己的知识。当慕课学习者能产生新的理解、辨析后，知识分享过程就此完成，如图3-5所示。

野中郁次郎的研究认为，经过知识分享行为，学习共同体成员传递和交换不同的知识，属于"知识创造"中的一类情况。但是要达到某一门慕课的授课者和学习者能够通过组织知识进行创造的程度，仍然需要这门慕课的学习群体形成内隐知识与外显知识的持续互动。本研究将野中郁次郎的研究结论进行了简化，强调知识创造是四种知识转换模式（知识分享行

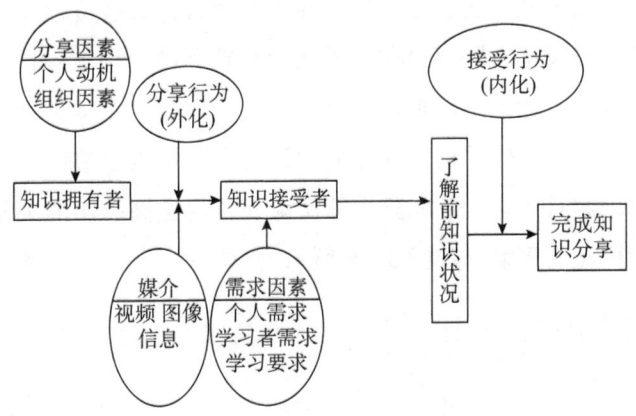

图 3-5　慕课课程与教学中的知识分享过程

为）持续互动的结果。❶

（一）慕课知识内化的基础

选择慕课课程学习的群体，其知识内化的过程始于知识的分享。这一过程从社会学的视角看，也是学习者群体"社会化"的过程。野中郁次郎和竹内弘高的研究指出，个体学习者需要通过在线交流的方式开展内容分享、交流互动。通过这样的分享，慕课课程的学习群体在第二阶段将个人丰富而未经开发的内隐知识转换成外显知识，小组成员通过分享学习过程中的疑惑、体会和心得表达出来，相当于将所学到的知识"外化"的过程。在学习的第三阶段，慕课课程小组成员将所分享的知识转化成新的知识、价值，并将其转化到各自的认知系统中，把这些新知识和理念扩展到认知系统的其他方面。

野中郁次郎和竹内弘高的上述研究揭示了知识分享过程中的第二阶段：创造观念为内隐知识与外显知识最强烈的互动阶段。在这个阶段中，观念经由小组交流而创造出来，因此慕课的设计者/教师应该给予慕课学习群体更多的讨论空间，使其能够通过在线交流、在线分享，拥有学习的

---

❶ 野中郁次郎，竹内弘高. 创造知识的企业：日美企业持续创新的动力[M]. 李萌，高飞，译. 北京：知识产权出版社，2006.

自主权，能自由思考，能够分享自己的学习所得，能够将相关的储备知识与他人分享，可以从不同视角在不同理论基础上进行相关的讨论。小组成员在讨论过程中表达的不同观点，可以激发他们改变基本思考方式、整合相关的信息、调整认知结构。这样的知识分享，可以使慕课学习小组的成员将分享的内容具体化，正如野中郁次郎和竹内弘高提出的关于知识分享过程对知识内化的影响，如图3-6所示。

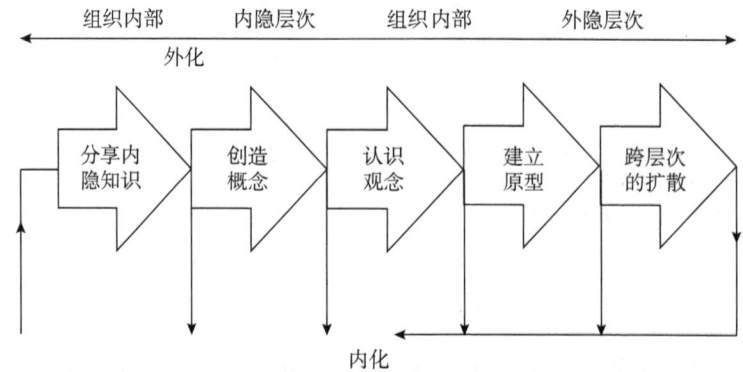

图3-6　知识分享过程中的知识内化阶段模式

资料来源：NONAKA I, TAKEUCHI H. The Knowledge-Creating Company: How Japanese Companies Create the Dynamics of Innovation [M]. 1st ed. New York: Oxford University Press, 1995.

（二）知识分享行为的多种路径方式

有研究认为，在企业等组织机构中，知识分享行为在知识创造的过程中有不同的程度与阶段。借鉴这一研究成果，我们可以分析知识分享如何影响慕课课程的实施。

依据知识所具有的内隐知识与外显知识特性，可以将知识分享的过程分为社会化、外化、结合化与内化四种路径。此四种知识转换路径一起构成组织知识进行创造的螺旋路径，是慕课学习群体通过知识分享学习知识的主要方式。这四种知识转换路径都是协助知识在个体之间转移的知识分享行为。

1. 路径一：社会化（socialization）——由内隐知识转换为内隐知识

社会化是从内隐知识到内隐知识的转换过程，又称为"共同化"的过程，即由分享者分享经验从而达到接受者创造内隐知识的过程。接受者通过观察、模仿与学习式对话（learning conversation），可以把内隐知识从他人身上转移至自己身上。该模式通过心智模式对知识进行移转，不需要通过语言或文字，因此称为"共鸣性的知识"（sympathized knowledge），例如，学徒制中学徒不需要经过师傅的语言教导，而是通过观察师傅的操作进行模仿与习得。

2. 路径二：外化（externalization）——由内隐知识转换为外显知识

外化是从内隐知识到外显知识的转换过程，这是分享者将内隐知识明白地表达成为外显观念的过程。分享者想办法利用隐喻、模拟、观念、假设等语言方式具体表达出内隐知识。尽管表达本身不够清楚，却能促进成员间的对话与集体思考，将观念逐步厘清，故又称为"观念性的知识"（conceptual knowledge），例如，个人信念经由语言、书写或图像方式的表达。

3. 路径三：结合化（combination）——由外显知识转换为外显知识

结合化是从外显知识到外显知识的转换过程，又称为"组合化"，是分享者将观念加以系统化而形成知识体系的过程。分享者通过互联网发送文件、网络会议的方式，将来自各方的外显知识加以结合，通过储存、增加、加总现有的外显知识来获取知识，故可称为"系统性知识"（systemic knowledge），例如，通常由媒体或资料库（知识库）系统，结合外显知识将不同知识融入组织的知识体系中。

4. 路径四：内化（internalization）——由外显知识转换为内隐知识

内化是接受者将外显知识转化为内隐知识的过程。这是知识通过社会化、外化与结合后，个体逐渐内化为内隐知识的过程。内化的原动力在于做中学，个体将内化吸收来的外显知识加以扩大、延伸并重新界定为自己的内隐知识，故可称为"操作性/运作的知识"（operational knowledge），例如，通过阅读工作手册来学习技能；接受教育训练课程，将知识转化为心智模式或技术，成为有价值的资产。

（三）知识分享行为的分类

通过对参加慕课学习的学生的观察，本研究团队认为，知识分享行为是由三个层面组成的，即分享个人内在知识、分享学习机会和促进学习动机的提升，见表3–1。

表3–1 知识分享行为分类

1. 分享个人内在知识	语言	主动	将自己的学习经验告知他人
		互动	参与讨论时，积极地提供意见
		被动	尽可能回答别人的问题
	文字		分享笔记、课堂记录等
	肢体动作		通过屏幕等展示
2. 分享学习机会	可控	内隐	教师为慕课学习者提供尝试的机会
		外显	向慕课课程的学习者提供所需的文件手册
	不可控		对于自己无法理解的内容，求助其他成员帮助理解
3. 促进学习动机	减少学习障碍		以对方能理解的方式有效沟通学习
	鼓励学习		鼓励他人学习

（四）知识分享过程中的沟通方式

亨得里克斯把知识分享作为一个沟通的过程，在其著作中，将沟通行为按照形式分为正式的沟通与非正式的沟通两种方式。[1] 依据其文中的两种沟通方式,本研究团队认为,在慕课教学设计中,可以充分借鉴这些沟通方式,开展在线的知识分享。

正式沟通可以通过慕课内容中的 PPT 展示方式,按照问题的前后顺序进行与慕课主题相关的沟通。

非正式沟通则通过对慕课学习过程中学生提出的相关问题进行沟通。这些问题中包括与慕课主题相关或者非相关性的问题。这些问题的提出,一方面可以促进学习者对问题的理解,另一方面可以减少在线授课缺少面对面交流的不便。非正式的沟通能促进学习成员对知识的理解。在亨得里克斯看来,知识可以由口头、书面与电子平台(微信、远程会议系统中的沟通程序等)三种方式进行沟通,口头和电子平台的交流偏向非正式,占慕课课程实施过程中知识分享时间的 70%;而书面的沟通则偏向正式沟通,仅占慕课课程实施中知识分享过程的 30%,因此慕课课程中的知识分享大多经由非正式的沟通渠道来进行。

在本研究中,按照慕课的沟通渠道与沟通方式,将知识分享行为分为正式书面、正式非书面、非正式书面与非正式非书面四种。

(1) 慕课正式书面的知识分享行为。

以正式的书面文件方式传递知识,包括以课程大纲、课程讲义、教材章节内容、思考讨论问题以及学生作业内容等方式分享知识。

(2) 慕课正式非书面的知识分享行为。

以正式非书面文件方式传递学习心得,包括学习分享会、小组内部讨论、组间交流讨论。

(3) 慕课非正式书面的知识分享行为。

以非正式方式传递书面文件,包括非正式的学习体会交流、微信和其他交流平台上传的相关文本等。

---

[1] HENDRIKS P. Why share knowledge? The influence of ICT on the motivation for knowledge sharing [J]. Knowledge and Process Management, 1999, 6 (2): 91 – 100.

（4）慕课非正式非书面的知识分享行为。

在网络上非正式的聊天、在公共平台留言区留言以及在平台中的学习交流，均属于非正式非书面的知识分享行为。

按照知识是否容易学习，可以对知识分享行为的深浅程度进行分类，那些容易进行分享的知识，其分享行为可以被列为浅度知识分享；而那些不容易分享和学习的知识，其分享行为则可以被列为深度知识分享。依知识类型与知识学习的难易程度，又可将知识分享分作四种类型：隐浅性知识分享、显浅性知识分享、显深性知识分享及隐深性知识分享。

（1）隐浅性知识分享。

此类知识系内隐性的浅度知识，如该门慕课学习过程中的技巧，可以通过慕课平台互动、慕课班级微信群以及慕课学习者之间的互动交流应用软件（App）等公共或者私人工具讨论学习者在慕课学习过程中的体会和心得。

（2）显浅性知识分享。

此类知识偏向外显性的浅度知识，如慕课课程中的一些基本概念、作业内容、相关引申的资料等，可通过慕课中的扩展链接部分，为学员提供相关外延知识的分享。

（3）显深性知识分享。

此类知识偏向外显性的深度知识，通常较不易学习，如相关背景知识、部分拓展性的内容，以及需要系统化学习的内容。

（4）隐深性知识分享。

此类知识偏向内隐性的深度知识，如与慕课相关的拓展内容、跨学科视角下的知识，以及与该慕课相关的元认知知识（对课程本身的认识、课程学习的方法等）等。

本课题组在追踪慕课教学个案的过程中发现，在慕课授课过程中，教师的知识分享行为（或专业互动）有深浅之别，教师间从彼此完全独立、偶尔的接触（sporadic contacts）发展至结盟合作（idiosyncratic affiliations）、完全互相依赖的关系。在教学过程中，随彼此互动、冲突的发生，教师间互相影响的频率与强度亦随之改变，从面对镜头的知识讲述到与屏幕前的个体讨论，知识分享行为的深度逐步增加。在这个过程中，知识分享行为有深浅层次的不同，如果细分的话，可以分为信息分享、行动示范、情境化知识分享与知识共构四种层次，从分享外显的知识、内隐的知识，进而分享镶嵌在情境中的知识，最后彼此共同交流，共同建构知识。

关于慕课教学过程中形成的知识分享，美国休斯敦大学的研究人员维拉（Vera）和加拿大西安大略大学的克罗森（Crossan）提出，知识分享可以存在于个人、团队或组织的不同层级中，个人常常是通过感官经验的直觉（intuiting）形成个人内在的知识，即通过个人不断以语言描述、听觉理解的相互讨论，经过口头表达的解读达到大脑前额叶扣带回皮层的吸收等分享的过程，最终形成一个学习共同体（如学习小组、学习团队或者慕课学习参加者）的解释（interpreting）。学习共同体形成的知识具有外显性或社会化，能够经由不同知识甚至是不同领域的知识相互结合（integrating）成为对组织有用的新知识，此知识就成为制度化（institutionalizing）的知识。这一过程是由个人的知识发展为学习团队、学习小组知识的学习方向，成为前馈学习（feed - forward learning flow）的结果。同样，团队或（新）成员学习并接受、吸收组织的知识，遵守组织的规则，则为反馈学习（Feedback learning flow），如图 3 - 7 所示。

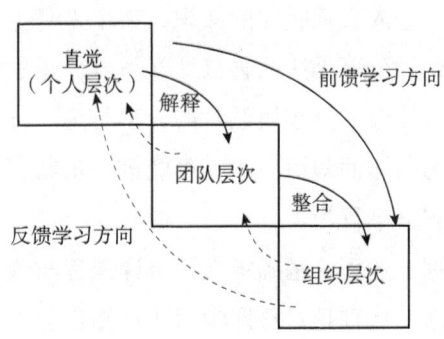

图 3 - 7　组织学习架构特征

综合上述学者对于知识分享行为的定义及内涵归纳，本研究团队对于慕课学习过程中知识分享行为总结如下：

（1）知识分享并非简单的信息传递，而是能够帮助他人改变心智模式、发展行动能力的。而慕课学习成员之间的知识分享,与课堂中的小组讨论或者个体课堂陈述相比,除具有外显知识的分享行为的特点外,更体现了将知识传递的过程提升为知识创造过程的特点。从一些慕课课程的设计中,可以看出教师在慕课的结构上,更加注重通过在线交流的方式完成知识的整合,以及通过讨论问题而形成的新想法、新思路和对以往知识内容的新挑战。这种能够产生组织知识创造的高阶知识分享行为,可以说具有慕课课程的引领作用。

(2)知识分享行为应从知识拥有者角色进行探讨,但必须重视知识分享者与知识接受者之间的互动和学习的行为。依据单方学习者所分享的知识或信息内容,可能忽略了知识分享行为的互动性。

(3)知识分享有层次上的差异。知识转移有个人、团队与组织三个层次,知识是否容易学习与行为内涵层次高低有一定关系。越是不容易表达,越是复杂,越是与情境、工作联系特别紧密的知识越是不容易分享的知识。

(4)知识分享有深浅上的差异。根据组织知识进行创造的观点,知识分享重要的目的之一是产生创造性的知识,那些能够产生新知识的分享行为,即为高阶的知识分享行为。相对而言,只能传递知识而没有组织知识进行创造的分享行为,属于低阶的知识分享行为。本研究团队发现,在慕课在线讨论中,通过个人直觉吸收的知识,在个人身上以及个人之间的分享是十分有限的,这种分享无法改善慕课学习者原本的知识结构,个体之间对个人感受、个人体会的分享属低阶的分享行为。分享的知识通过不断解释的分享行为成为团体的知识,才有可能进一步结合不同知识产生新知识,达到高阶的知识分享行为。

本研究团队依据上述理论基础定义了慕课课程与教学设计过程中有关知识分享行为的概念,特别是对慕课学习成员知识分享行为出现的方式及频率进行了深入的分析。成员知识分享行为包含单方面传递外显知识与内隐知识,在教师对学习者学习需求与成效的分享行为基础上,将产生共同创造知识的分享行为。上述对知识分享的区分、对知识分享行为类型的分析,特别是对慕课学习过程中在线讨论行为互动与深度的强调,更能为慕课分享过程中的深入探讨和知识分享提供相应的参考。

(五) 影响知识分享行为的因素

在慕课教学过程中,影响教师和学习者知识分享行为的因素包含知觉依附知识的互惠、信任与分享的回馈等,如图3-8所示。

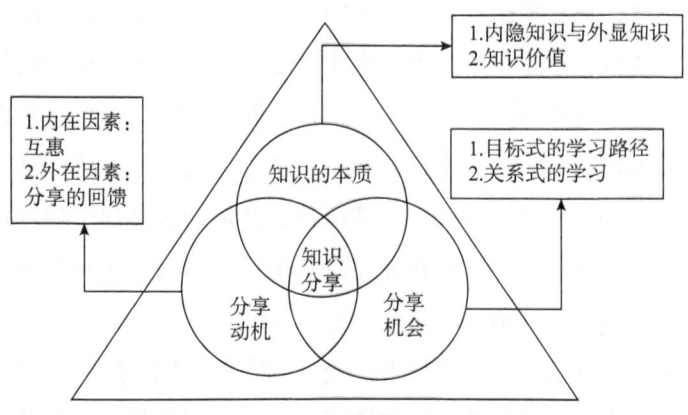

图3-8 影响知识分享行为之因素

资料来源:IPE M. Knowledge sharing in organizations:A conceptual framework [J]. Human Resource Development Review, 2003 (4):337-359.

本研究团队在追踪慕课课程设计的过程中,发现慕课课程内容的互惠可以促进知识分享。尽管"互惠"一词是经济领域的"外来语",但是在慕课中,"互惠"意味着在没有协商且不知道将会何时或是否会得到回馈的情况下,帮助他人和分享信息的行动。在慕课交流过程中常常会出现即使不确定此结果会是什么,知识分享者也期望分享知识后,将来能验证分享是值得的情况。美国俄勒冈州立大学的两位研究者通过对慕课教学准备和教学过程中知识分享的研究,发现教师和学生从互惠角度来进行知识分享,将大大有利于讨论,并促进对问题的深入认识。

慕课分享过程中另外一个关键因素则是信任。对于慕课学习者来说,分享者愿意让另一方参与本组或者本方提出的项目,都是开展知识分享的关键。尽管从心理学的角度来看,信任是一种性格倾向的归因 (dispositional attribution)。本研究团队亦发现,慕课学习者之间的信任,是参与分享、交流的基础。只有将个人的信念与行动的意愿建立在相互信任的基础上,而且学习者特别是分享者信任程度较高时，才可能有较高的知识分享行为。

1. 知识特性因素对知识分享的影响

知识本身以内隐知识（tacit knowledge）与外显知识（explicit knowledge）的形式存在。根据对知识特征的研究，我们通常认为内隐知识虽然可以通过个人经验习得，但由于其本质上是灵活的，所以会妨碍知识分享行为的产生。相比较而言，外显知识则是容易散播和沟通的，所以外显知识比起内隐知识来容易被个人所分享。本课题组的研究认为，从知识的属性上看，内隐知识是通过自动加工被通达，外显知识是通过控制加工被通达。它们的区别如程序性知识和陈述性知识一样。而这两种知识在通达方面到底有什么区别，目前许多研究者还在讨论。

在美国俄勒冈州立大学的艾皮（Ipe）看来，在线教学的过程中容易表达的知识并不等于可以被使用的知识。所以，即使外显知识通过个人和设置容易被传递，也难以真正在组织中被轻易分享。他和研究团队认为，因为与慕课课程设计的来源资源分开且独立于特定个人的知识，是在线学习共同体可以进行分享的知识，因此该知识是所有在网上搜索或者搜寻者皆可得的知识。相反地，嵌入式知识（embedded knowledge）是相依于情境中、难以运用和个人化或专业化的知识，因此嵌入的外显知识在个人之间也不容易分享。所以，在艾皮看来，无论是外显知识还是内隐知识，价值的归因会影响个人是否分享与如何分享的决定。

如果慕课学习者认为他们拥有有价值的知识，就会视分享什么、何时分享、与谁分享等因素决定是否分享。知识拥有者的决策依据某些措施，并与个人的知识、个体经验和学习该线上课程的体会相互连接。❶ 如果个人的知识为他的主要价值来源，由于分享知识将会减少他的个人价值，他就会减少分享行为。所以，有的研究者会认为，在线学习者并不十分倾向于通过网络进行知识的分享。

---

❶ ANDREWS K M, DELAHAYE B L. Influences on knowledge processes in organizational learning: The psychological filter [J]. Journal of Management Studies, 2000 (6): 797-810.

2. 知识内容影响知识分享渠道

知识分享渠道提供给个人一个需要的情境去分享知识，也能通过开发知识分享渠道创造知识分享的环境，鼓励知识分享行为。

不同领域的慕课采用不同的渠道分享知识，例如一些金融类、工程类的慕课往往通过一些专业领域的网站进行分享；而那些人文、艺术类的慕课，通常通过故事、传说等多载体多渠道进行分享。然而研究者通过对这些分享渠道的分析，发现分享渠道与知识分享行为显著相关。研究指出，正式渠道分享的往往是外显知识，这种渠道能够将知识与更多学习者进行充分分享和交流，快速扩散，特别是在网络系统和科技手段的协助下，外显知识将更快地扩散。同时，人文和社会科学类的线上课程，可以通过在线讨论的方式进行知识分享。

六、慕课课程与教学设计中的知识分享意愿

在影响慕课知识分享的相关因素中，知识分享意愿是一个关键的影响因素。以往有关慕课课程与教学设计的研究较少注意到这一方面。本研究整理了当前国外有关知识分享意愿的理论基础与实证研究中的一些发现，厘清知识分享意愿的意义与内涵，以期在慕课课程与教学设计中进一步探讨知识分享意愿与分享行为之间的关系。

（一）知识分享意愿的理论基础

目前关于知识分享意愿的研究主要围绕下列观点进行探讨。第一种观点是依据马斯洛（Maslow，1908—1970）提出的需求层次理论（Hierarchy of Need Theory）[1]，分析个体知识分享的动机，他认为个体的行为系由需求引起，将需求划分为五个层次，1970 年又改为七个层次。[2] 马斯洛的需求

---

[1] MASLOW A H. Motivation and Personality [M]. New York: Harper and Row, 1954.

[2] MASLOW A H. Motivation and Personality [M]. 2nd ed. New York: Harper and Row, 1970.

层次理论认为,当低层次需求满足后,才会触发对较高层次的需求。

(1) 生理需求(Physiological Needs),指维持生存之基本需要,如食、性等需求。

(2) 安全需求(Safety Needs),指身体、经济及心理等方面的安全需求。

(3) 爱与归属的需求(Needs of Love, Affection and Belongingness),指友爱人并被人友爱的感情需求,建立归属感、被接纳的需求。

(4) 尊重需求(Needs for Esteem),指自尊、成就感等内在尊重需求,以及得到身份地位等的外在尊重需求。

(5) 求知的需求(Cognitive Needs),指对己、对人、对事物变化中所不理解者希望能够去理解的需求。

(6) 审美的需求(Aesthetic Needs),指对美好事物欣赏的需求。

(7) 自我实现的需求(Transcendence Needs),指一种成为独立自我、实现自我潜能、不断提升发展及实现个人理想的需求。

第二种观点是20世纪50年代末期,由美国行为科学家弗雷德里克·赫茨伯格(Frederick Herzberg, 1923—2000)提出的双因素理论(Two Factors Theory),又称激励—保健理论(Motivator – hygiene Factors)。这一理论认为,在对员工的管理中,保健、激励因素是影响职员对工作满意或不满意的最主要因素。其中,保健因素主要包括薪酬制度、福利分配、工作环境、规章制度等外部因素,其作用是降低职员对工作的不满程度,防止产生激烈的负面情绪,但其不能激励职员提高工作绩效。激励因素主要包括岗位培训、岗位晋升、工作评价等与工作本身相关的因素,其作用可以进一步激发职员的工作积极性、主动性和创造性,从而为组织带来乐观的工作效益。❶

第三种观点是由达文波特(Thomas H. Davenport)和普鲁萨克(Larry Prusak)提出的"知识市场"的概念。现为美国知名商学院巴布森学院信

---

❶ 哈罗德·孔茨,海因茨·韦里克. 管理学 [M]. 9版. 马春光,译. 北京:中国人民大学出版社,2003:45 – 52.

息技术与管理专业教授的达文波特教授和哥伦比亚大学信息和知识战略硕士课程的讲师普鲁萨克在《工作知识：组织如何管理他们所知道的》(*Working Knowledge：How Organizations Mange What They Know*)一书中提出了"知识市场"理论。[1] 在达文波特看来，任何学习过程中的知识分享都具有两个主体：一个是"知识拥有者"，另一个为"知识需求者"，如同卖方与买方，"知识"即为交易的商品。"知识拥有者"之所以愿意交易，是因为有报酬。该报酬基于三种动机，依重要性高低排列分别为"互利主义"、"声誉"以及"利他主义"。达文波特是这样揭示知识分享过程中可以交易、购买和交换的知识的。

（1）互利主义（Reciprocity）。参加学习的成员愿意将知识分享给另外一个成员，是因为知识拥有者相信在未来可能也有机会求助于知识需求者，为了对彼此有利而进行知识分享。

（2）声誉（Repute）。知识拥有者希望塑造"有智之士"的形象，若分享知识可以树立个体知识权威的形象，建立良好的声誉，则会加强个体进行知识分享的意愿。

（3）利他主义（Altruism）。有些知识拥有者不受"互利主义"或"声誉"因素的影响，对他人皆毫无保留地分享知识。这与个人的人格特质有关，这样的人具有积极热心公益的性格，乐于与他人分享知识，不求回报。利他主义常常会出现于技术变革时代，教师在强烈的传承知识、经验、技术的意愿之下，会通过各种媒体和工具，对已有研究、现实思考和未来探索等进行分享。

根据马斯洛的需求层次理论，发现慕课的课程和教学设计者与学习者以及学习者之间有关分享知识的意愿，主要来自"爱与归属""尊重"和"自我实现"三个较高的需求层次。本课题组在相关的问卷调查中发现，慕课课程的设计者不会直接因为金钱或改善同事间关系而在课程设计过程中分享知识，知识分享主要是基于"自我实现"的需求进行的。同样，对

---

[1] DAVENPORT T, PRUSAK F. Working Knowledge：How Organizations Mange What They Know [M]. Harvard：Harvard Business School Press, 1998.

于有着不同教育背景的慕课学习者来说,他们在线学习过程中的归属感、自我实现等需求的具体体现就是同辈之间的接纳度,分享过程中相互启发带来的成就感以及师生和生生平等交流带来的公平性感受等。

马斯洛的需求层次理论缺乏精确度,不利于用量化方式研究。通常的浅显理解是只有在中低层次需求获得满足后才能产生类似知识分享的高层次需求。对于慕课学习来说,网络速度、安全等都是知识分享意愿产生的前提和基础。但实际上这一基础并不是通常我们认为的充分条件。在大量的慕课实践中,我们发现,即使网页设计不理想、视频录制比较简单,也并不妨碍师生和学习者进行充分的分享、讨论和激辩。因此,以需求层次理论作为解释慕课课程与教学中知识分享意愿的理论基础,尚难以应用在普遍的实际情境中。

我们通过上述双因素理论对慕课学习者和教师群体进行分析发现,与其他社会组织中的激励原则类似,对于慕课学习群体来说,仅仅通过分数来激励学习者学习,其作用并不显著。从组织管理的角度来看,将慕课这样的学习共同体作为组织研究,可以发现其本质上与商业组织内部的信息分享类似,即在分享知识的时候,只要将组织的环境与个体知识分享意愿连接起来,例如在慕课学习过程中,通过设置分享目标,强化分享带来的"成就感"、增加小组分享后提出问题的"挑战机会"以及组与组之间通过分享而获得"肯定"等因素,就可以明显提升作为慕课成员的学习者分享知识的意愿。

(二)知识分享意愿与行为

理性行为理论(Theory of Reasoned Action,TRA)认为,最能预测行为的因子是人们的行为意图(intention)[1]。本研究团队认为,理性行为理论揭示的行为意图,也可以用来分析慕课课程学习中的知识分享过程,师生和生生分享意愿越高,知识分享行为越多。根据社会交换理论(social

---

[1] AJZEN I, FISHBEIN M. Understanding Attitudes and Predicting Social Behavior [M]. Englewood Cliffs, NJ: Prentice-Hall, 1980.

exchange theory）也发现，分享意愿越高，分享行为也会越多。在慕课课程的学习中，一方面强调作为知识供给者的教师要改变线下课堂学习过程中习惯于单向度知识传递的做法，把教学向知识分享（包括交流、讨论、反思、质疑等）倾斜；另一方面要引导学生开展在线提问、分享和辩论等课堂活动。慕课教学相对于线下课堂教学最大的不同在于打破了教育的空间限制，教学在人、时间和空间方面都得到了延伸。比起常规课堂的学生组成，选择慕课学习的学生可能来自不同学校、不同社会文化环境以及不同年龄段；在学习时间上向课下延伸，在空间上了打破了教室的封闭性。这些不同于以往的突破，对教师和学生在知识分享的内在动机（自我成长动机）和外在动机（利他主义）等方面都产生了影响。本研究针对知识分享方面的调查也证实，知识分享的内在动机与外在动机，对慕课学习过程中的知识分享会产生正面影响。研究发现，影响知识分享行为的因素——知识分享意愿与学生的元认知能力密切相关，特别是与对知识结构的理解，对参与讨论、质疑和反思的能力呈现显著相关性。

（三）知识分享路径的意义

在慕课学习过程中，良好的知识分享路径为个体学习提供了更加丰富、多样和差异化的知识。通过良好的分享，特别是多渠道的分享，能为知识的创造和改进提供更好的创生环境。这种鼓励知识分享的行为，研究界称为知识分享路径。

路径在沟通领域的解释是携带信息的途径。在沟通的过程中，知识分享者必须通过路径与媒介将经过编码的信息传递给知识接收者，可以通过源信息通道接收器（Source - Message - Channel - Receiver，SMCR）来了解沟通过程，如图3-9所示。

知识分享路径是知识分享机制中的一个重要环节，能够促进知识分享行为的产生。美国加州伯克利大学的哈雷等研究人员访谈了7个不同学科的教授、副教授在慕课教学过程中的知识分享情况。研究发现，教授们经常利用信息通信技术带来的交流路径［如慕课自带的信息板（information board）、教授们开设的博客、Web2.0、Wiki等］分享慕课教学中的知识和

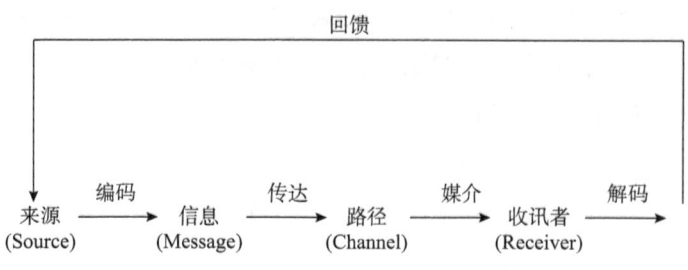

图 3-9 知识沟通过程

观点。研究中的访谈结果发现，师生常常在非正式网络上发表他们对慕课讨论内容的看法。公开发表的个体在慕课学习中的情况也是因学科而异的，不同学科也因慕课课程的阶段不同而有所差异。[1] 教师在交流分享过程中使用博客、Wiki 等网络媒体平台的频率较低，部分学者会阅读博客中与自己研究主题相关的内容。该研究充分说明信息通信技术在提供知识共享渠道中的作用。

　　类似的研究也在国外其他一些有关慕课分享路径的研究中开展，例如，有的研究对慕课学习者的知识分享影响因素模型进行了分析[2]，其模型主要包括知识分享的提供方、接收方、知识特性、渠道和环境五个潜在变量，从其研究结果中发现，知识特性和知识分享环境对知识分享的影响最大，然后依次为渠道、接收方以及提供方。同时，该研究通过结构方程模型进一步发现，各因素对知识分享的影响程度不同，知识分享渠道对慕课教学中的知识共享水平影响最大，知识共享主体和知识特性的影响程度次之，知识共享环境对知识共享水平影响最小。在当代信息通信技术打破了面对面交流的时空局限性，为知识共享提供更多技术支持的背景下，慕课教学过程中的分享路径变得越来越多元化。但是，信息通信技术在信息的准确性、耗时等方面的局限性仍旧降低了人们的知识共享意愿。同时，

---

[1] HARLEY D, ACORD S K, EARL-NOVELL S, et al. Assessing the future landscape of scholarly communication: An exploration of faculty values and needs in seven disciplines [D]. Berkeley: Center for Studies in Higher Education, 2010.

[2] PANAHI S, WATSON J, PARTRIDGE H. Social media and tacit knowledge sharing: Developing a conceptual model [J]. World Academy of Science, Engineering and Technology, 2012 (64): 1095-1102.

由于人自身具有内在社会性,信息通信技术和面对面的沟通交流在知识共享中的作用具有互补性,但并不意味着具有可替代性。

现有的研究将慕课教学过程中的知识分享模式划分为五种,并以知识管理理论和知识共享理论为基础,探讨慕课学习者个体与个体知识共享的过程和机制,这些路径包括以下两种。

(1) 正式路径。慕课课程能提供结构性的环境,供组织成员分享知识。正式路径包括结构化课程(structured curriculum)内容、技术系统(technology-based systems)。通常在慕课课程设计中,将上述两种路径称为正式互动路径(formal interactive channels)、正式的学习机会或有目的的学习路径(purposive learning channels)。正式路径的特性在于在慕课分享交流的过程中,分享者能够清楚地叙述知识(外显知识),并通过结构化的知识叙述连接更多的分享者,从而快速地扩散要分享的知识。特别是慕课学习者可以利用现有的各种即时通信工具更好地在学习过程中进行交流。

(2) 关系路径。处于慕课学习共同体中的师生,尽管在物理空间中并没有交集,但网络的联系会促成每个人都有一段互动时间,发展成一种虚拟空间中的人际关系,这种虚拟的人际交往(personal relationships)与社交网络(social networks)一起形成独特的分享路径。慕课学习过程中的这种分享路径,被称为镶嵌于关系的路径。美国明尼苏达州立大学的鲁尔克和扎希尔将其称为"关系嵌入"(relational embeddedness)。[1]

慕课是科学技术革命浪潮席卷而来的结果。信息通信技术打破了人们知识共享的时间和空间局限,在最大限度上为人们获取新知识拓宽了途径和渠道,加大了知识共享广度和深度。亨德里克斯认为信息通信技术会对知识共享动机产生直接或者间接影响,其主要功能在于消除知识共享在时间、空间和社会距离等方面的阻碍因素,拓展互动交流的渠道,改善知识共享单一化模式,为寻求新的知识源提供便捷高效的途径。随着"互联

---

[1] RULKE D, ZAHEER S, ANDERSON M H. Sources of managers' knowledge of organizational capabilities [J]. Organizational Behavior and Human Decision Processes, 2000, 82 (1): 134-149.

网+"的深入发展,社交媒体为知识共享提供了更为新兴的工具。社交媒体是一种协作的在线应用程序和技术,它们能够促进和鼓励用户团体参与、对话、开放、创造和社交。帕纳西(Panahi)等从社交媒体能够满足人们隐性知识共享要求的功能出发,提出社交媒体为人们的社会互动提供了更好的场所,创造了经验分享的机会,通过建立非正式关系网络,提供有利于观察、倾听和模仿的渠道,帮助参与者之间快速建立信任关系,顺利实现隐性知识共享。

(四)知识分享方式

在慕课课程与教学设计中,教师是否有进行分享与学习的路径,是影响教师能否产生实际分享与学习行为的重要因素。本研究以访谈法获得多位从事慕课教学的教师的教学经历,发现在慕课教学的关键性因素中,有一个环节是与线下课程不一样的,即能否在学习共同体中建构一个"学习的文化"(the culture of learning)。在线下教育特别是高校的线下教育中,长期以来一直在强调结构化知识的传递。尽管近年来人文社会学科的线下课程也开始呈现出多样化的课堂教学模式,但从总体上来看,线下教学模式仍然是以单一讲授式为主。而在慕课学习共同体内部之间形成的独特的知识分享,尚不是当前慕课课程与教学实践者关注的内容。

在关于慕课知识分享的调查中发现,学习共同体成员的知识分享与线下高校课堂教学的关系路径、分享频率不同。众多的线上教学学习者更加依赖于网络交流,网络交流在相当大的程度上消解了中国课堂文化背景下的师生地位差异,强化了知识分享过程中的平等性。当代网络背景下成长起来的学习者更适应现在非正式交流的分享方式。在传统的课堂教学中,即便教师拥有较少的显性的或分类编码的共同知识体系,教师同时也拥有较多隐性的、个别的知识,因为教师往往在个人化的环境中工作,大多通过实际教学与班级经营中的实践错误,累积本身的专业知识,教师丰富的教学经验通过线下教学往往成为分享式与集体式的知识。这种知识分享的路径主要是正式的线下课堂教学方式。在这样的背景下,高校课堂中也缺乏自发性或私下的分享团体。

本研究在访谈中发现，网络教育背景下，慕课课程实施过程中，学习者之间的分享和交流频率要明显高于同一课程在线下课堂中的知识分享情况。这种频繁的网上交流通常在留言板中出现，包括对教师的提问和学生之间的讨论。这些讨论有助于学习者之间、学习者与教师之间的知识分享。这体现了多样化的关系路径对知识分享行为的积极影响。类似的一些研究也发现，在慕课教学中，学习共同体内部关系路径的建立，包括慕课教师的鼓励，都会有助于学习者对专业知识的深入学习从而提升学习者的潜能（capability）。在本研究中，这种沟通渠道的建立，对于慕课知识结构的传递、学习反馈都有显著的正向相关性。

显然，在慕课课程中，技术带来的分享路径明显影响了知识分享行为。同时，本课题组的研究也发现，慕课教学结束后，"课后讨论"时间弹性高，学习者之间以及学习者与教师之间的"知识共构"行为显著高于没有弹性时间安排的线下高校师生相互讨论中的交流行为。同样的情况，"课后讨论"时间弹性高，慕课的教师在分享行为上，特别是在"信息分享""行动示范"以及"知识共构"的分享频率上，比身处相对封闭的线下课堂教学的教师的知识分享行为明显要高。

综上所述，本研究认为，知识分享路径与分享行为有关；不同的知识分享路径促进不同的知识分享行为。慕课的课程设计者只有在了解知识分享路径与行为之间的关系后，才能精确地设计知识分享路径；也只有在了解路径与行为的关系后，才能具体提出改善慕课设计的建议。本课题组尝试通过对慕课分享路径的分类，了解慕课知识分享路径的使用频率，进一步探讨知识分享路径与行为类型之间的关系。

1. 中心型路径

慕课分享过程通常会体现出结构性流程，由分享者将知识分享给接收者，有助于分享者传达外显知识，能够促进分享者产生外显知识分享行为。然而，同为中心型路径的工作坊路径则有别于演讲路径，分享者与接收者很少对话或实际示范。本研究针对多位开展慕课教学的教师进行了访谈，教师们表示，课后分享最大的价值在于给学习者提供了彼此就教学内容的问题讨论和反馈的机会,而这些机会恰恰是线下课堂教学所缺失的。在谈及这一问题时,教师认为来自不同学校、领域的异质化学习者基于个体经验的讨论,引发了学习者对一些问题的兴趣。慕课学习者们除分享外显知识外,更强调给接收者提供实际的示范和练习的机会,因此本研究推论工作坊路径能够促进内隐知识分享行为。

2. 成对型路径

这一路径使分享者与接收者有进行专业对话、找出改进教学问题的机会。台北师范学院课程与教学研究所利一奇在其2002年硕士论文中提出,师徒制与同侪教练等成对型路径,可以帮助教师改变教学态度,促进教师提高省察能力,促进教师将新的教学技巧或知识转化为教学实践。内隐知识可能经由师徒制的引导或是同侪合作而达成意会性的分享行为。❶ 本研究认为,成对型的师徒制或同侪教练的路径,虽不一定有合作解决问题的行为,但是在当下情境的观察、学习与讨论,因此认为成对型的路径有利于情境化知识分享行为的产生。

3. 团队型路径

团队型路径在形成问题与决定目标的共识时,团队型路径如同成对型路径,知识分享双方会进行深度会谈,然而团队型路径强调团体共同完成目标和责任,并共同对结果负责。因此,团队型路径与成对型路径最大的差别在于团队型路径有共同的目标,团队必须合作完成,例如,协同合作中,教师通过彼此教学中的观察、课后的回馈及讨论、分享专业心得,彼此激励,进而改善教学。本研究团队认为,协同教学是一种有组织、有系统的合作,强调同伴之间在互相信任、合作、互惠及支持的基础上,通过教学观察、搜集资料、共同拟订课程计划、改进教学策略来增进教师的教学成效。教师以解决实际的教学问题为主要导向,共同参与行动研究。团

---

❶ 黄铭廷. 公务人员知识分享意愿、组织信任与组织文化之关系研究[D]. 台湾:台湾科技大学硕士论文,2002.

队型路径中合作的形式虽然没有统一的模式，不过通常有一些共同的发展阶段，例如，行动研究从研究动机与问题阶段到观察与厘清情境发展阶段，最后到研究发现与问题解决的阶段。

慕课分享中，团队型路径的互动方式体现在彼此支持合作并且公开地相互沟通，以达成共同目标，同时也共同为辩论、质疑等过程中的"失败"负责。此外，团队型路径中的成员具备不同的专业技能、解决问题及决策能力，且各成员所拥有的能力具有互补性，能促进伙伴积极参与决策，有助于维系彼此的关系，有助于产生知识分享能力，提高响应能力与组织创造能力等。因此，本研究认为，正式团队型路径的互动比同为正式路径的中心型路径与成对型路径更能促进组织的知识创造。

团队型路径较中心型路径、成对型路径具有更高的工作相依性与合作需求，合作的知识分享路径更能促进知识的流通，能使个人运用心智模式或者通过调整假设与前提来改变原来的知识，从而促使学习者在慕课学习过程中增进知识的学习与更新，促进创造新知识的可能。团队型路径需要多人的互相合作，因此相对于工作相依性低的成员有较多且较高阶的互动行为。

（五）慕课学习者之间的关系与知识分享类型

与课堂学习环境下的知识分享有很大不同的是，慕课学习者打破了传统课堂学习中的师生与学生关系网络。无论是在大学阶段还是其他在校系统中，师生关系基本上具有上下之间的管理属性——作为登记注册的学员，接受学校系统的管理，教师是学校管理者，学生是被管理者。这种行为关系属性体现在课堂上，教师对学生而言具有管理者的身份，学生是被管理的对象。慕课在很大程度上打破了传统高校的这种身份管理模式，知识分享的路径转变为学员在慕课课程学习互动过程中所发展的人际关系路径。这种关系型路径存在于不同慕课学习共同体中，如同一慕课课程学习者、慕课课程中的师生之间以及不同慕课的学习者之间。与高校线下课堂师生与生生之间形成的关系网不同，慕课学习共同体中的个体之间和个群之间呈现出异质关系。这种异质关系可以使慕课共同体通过个体和群体之间的关系路径互相分享经验与心得等内隐知识。

关系路径包含由两人形成的路径，或由一群人形成的路径，一群人形成的路径为知识社群。本研究认为，知识社群有两大功能——"知识传递"与"知识创新"。知识社群为成员自动自发或半自动自发而组成的知识分享团体，其分享的结果不仅是完成慕课课程任务，同时也促进了联结知识的生成与分享。

通过上述路径，知识分享者可以分享经验和知识，互相教导和学习，并从中得到肯定和尊重，因此知识社群能提供传递内隐知识和讨论特定问题的路径。在慕课教师的微信分享群中，教师们经常分享自己的教学经验、不同的教学方法或解决问题的方式等，教师认为慕课学习共同体为他们在专业上的发展提供了很大的支持与贡献，显示出关系路径有助于知识分享行为。

本研究也发现，在慕课共同体中，学习成员间的关系能有效促进成员间的知识分享行为，而在慕课课程结束之后，成员之间也有可能长时间保持学习者之间的分享关系，并有可能产生更深入的分享行为。

第四章　知识内化理论对慕课课程设计的启示

一、主流慕课课程设计存在的问题

慕课的学习必须是在线的。慕课课程的设计与制作是面对着虚拟的在线学习者，因此慕课的整体特点与网络媒介的在线特性密不可分，包括即时性、参与性、交互性、匿名性等特点都是由在线的形式得以体现的。在慕课学习中，虽然也有线下的作业及实践环节，但线上才是学习流程的主要组织形式。学习者在线注册、在线观看课程视频、在线进行课程中间的测试、在线提交作业并与他人互评作业，在线完成对课程的讨论并可以下载或上传学习资源，在线参加考试，等等。可见，在慕课模式下，大学的课程、课堂教学、学生学习进程、学生的学习体验、师生互动过程等被完整地、系统地在线实现。

当前，我国高等教育虽然引入了在线学习的环节，但整体仍是基于固定学习环境下有限人群的现场教学，一些所谓的慕课设计，本质上看只是教学环节的工具化呈现。远程教育中的在线学习，同样将在线作为学习的环境及背景，而不是学习的流程与知识内容的属性。

慕课并非课程资源或某一教学环节的开放共享，它具有课程体系完整性。其组织形式与教室中的课程一样，从课程的制作、设计，课程单元的分割，知识点的划分与构建等，到教学过程、互动、测评、作业、考试、颁发证书、反馈等，都构成了极为完整的课程体系，这与之前的网络公开课和开放课程资源都不相同。传统意义上的高校网络公开课往往是授课过程、课件、作业等独立课程资源的网络化；而慕课则是完整地将课程置于开放的网络环境中进行整体建设，包括教学环节的前期筹备、中期组织与管理、后期反馈与考核等，因此在整个课程体系的完整性上充分体现出在线教育的属性与特征。

当前，一些高校的慕课课程缺乏对知识特点、性质、运行、反馈等方面的深入分析，不能运用当前知识研究领域的成果进行慕课课程的设计，仅仅为追求慕课这一形式而对原本完全可以在线下授课的内容进行"电教化""视频化"的改造，造成大量资源浪费。

究其原因在于，慕课课程原本在高校课程与教学体系中更偏向于教育技术领域，技术设备至上是难以可持续性发展的。受"技术中心论"的影响，一些教育主管部门以及学校管理部门，将主要注意力放在慕课硬件环境的建设、昂贵设备的购买以及专业视频服务外包上。在课程视频建设中，片面追求视频的技术标准，忽略了慕课课程的教学实际，硬性制定一些技术指标。简单化地认为只要引进了新技术、新观念、新人员，慕课课程就会对高校传统课堂教学产生革命性改变。但是，慕课作为新的课程改革热潮的产物，并非完全依赖技术的迭代。即当前不少高校在慕课课程建设中，陷入技术化的陷阱，花费大量资金建设高规格的视频录播教室、录像大厅，购买高级摄像机系统和专业的软件平台，造成大量的重复投资、重复开发、重复建设。

我国高校一些慕课课程设计的另一个误区是沿用以往的科教电视手法，使慕课课程与学生产生严重的疏离感。从教育电视、电视教材到视频公开课等，视频课程的发展经历了不同阶段，有必要更新制作技术和制作理论。但是很多慕课课程视频，沿用科教电视的模式，教师对着一群学生讲课，而真正的学习者在旁观教师上课，使得学习者很难融入课程中。也是源于电视手法的习惯，慕课的摄制人员有时为了追求画面的生动效果，会刻意做一些多角度的镜头切换，滥用特技效果。有的视频插入无必要的背景音乐，或者背景布置插入整幅的学校风景画、建筑图等，干扰学习者的学习心理。

从国外慕课课程的制作来看，制作团队将重点放在知识呈现的方式上，通过动画、虚拟演示等多种方法，把抽象的知识内容通过具象的方式呈现在视频中；教师反而成为画外音，一些慕课的授课方甚至完全采用"去教师形象"的方法。从根本上说是强化知识交流互动、分享传递过程中的细节特点，而尽量减少教师作为个体在镜头前的表现力，充分展现丰富的知识内容和在线教育打破空间约束的优势。这样的慕课课程设计具有很强的感染力，能够让学习者加深对知识细节的了解，学习者可以从不同视角理解问题。

当前国内慕课课程的设计通常缺乏个性化特点。课程视频制作工作量大，为了追求开发速度，采用流水线、机械化、规模化等的工业化操作手段操作，模式化和套路化现象比较严重。把在正常教学中需要一个学期完成的课时集中在几天内讲解录制。主讲教师只负责课程讲授，很少与技术人员沟通交流，也不会花时间了解摄录、编辑技术。成片则基本由学校电教中心或外请专业团队制作完成，而制作人员不仅与教师很少沟通，他们彼此之间也很少交流和协作。这样，慕课课程视频的开发实际上是由一个个互相割裂的部分组成，而不是一个联系密切的合作团队。技术人员虽然有视频制作的专业知识，但课程知识有限，很难有效把握课程特点，再加上时间紧迫，因此镜头运用和拍摄切换经常不甚合理。同时，由于讲课教师与技术人员之间的陌生，沟通的缺乏，加上教师缺乏上镜的专业训练和上镜经验，导致录像效果大打折扣，严重影响学习者的学习心理。有些学校采用一体化速成摄录软件，直接录制教师上课实况，基本不做后期制作，简单插入片头和片尾就算完成，短平快地制作出了大量品质不高的课程产品。

二、知识内化视角下的慕课课程设计

内化（internalization）是知识创造系统的最后一个环节，它是理解、吸收新创造的复杂性知识的过程，是个体和组织之间显性知识和隐性知识转化的过程。

从前章的内容中可以理解，慕课作为课程变革的突破，其创新不仅停留在形式的变革上，更重要的是，课程内容——其分享的知识体系应该通过知识单元的方式来完成。知识单元组成系统的知识结构。知识结构的单元式分割，使得知识内容实现细化，整体上对知识体系形成了碎片化的解读与重构，在形式上契合了互联网学习的技术特征与用户体验，在内容上实现了知识自身的单元价值，使知识内容从庞大的知识体系中得以分离，形成独立扁平化传播、精准传播的模块。❶

慕课每一小段视频内容密度的合理性安排与情节的串联，甚至包括影视制作手法的运用，都能影响学习者不断观看的欲望。因此，一门慕课的推出，看到的虽只是一位教授和助教或嘉宾教授的讲授，但背后往往是一个更庞大的团队对一门专业知识的分解、重构和组织。因此，慕课不是课堂教育的移植版，也不是网络视频公开课的拆解版，更不是微课程的组合版。辨别一门课程是否符合慕课课程设计的要求，除了基本特点和形式，还要看其是否促进了知识内化。

例如，对于慕课课程来说，看是否设计了交互性学习场景。因为场景交互参与学习增强了学习者的沉浸体验。20 世纪 80 年代中期，美国教育部指定的专门研究小组通过大量的数据调查和研究，完成了《参与学习：开发美国高等教育的潜力》(*Involvement in Learning Realizing the Potential of American Higher Education Final Report of the Study Group on the Conditions of Excellence in American Higher Education*) 报告。这篇报告指出，高质量高等教育有三个先决条件，即学生的参与、高标准要求和评估与反馈。在这之后，研究人员在 80 年代末提出改善本科教育教学的七大原则，具体包括：

(1) 鼓励师生接触；

(2) 鼓励学生间的交流合作；

(3) 鼓励学生主动学习；

(4) 给学生及时的反馈；

---

❶ 吴维宁. 大规模网络开放课程（MOOC）：Coursera 评析 [J]. 黑龙江教育（高教研究与评估），2013（2）：39-41.

(5) 强调学生必须花时间去学习；

(6) 寄予学生较高的期望；

(7) 尊重学生多种多样的才能和学习方法。

尽管在过去的 20 年里，我国在高等教育教学改革过程中也一再强调高等教育的质量问题，强调内涵式的发展，但是落实到具体的工作中非常重要的一点就是要提倡学生参与学习。传统的高等教育中，参与学习基本是一种缺失状态。第一，虽然也有课堂讨论、课堂发表、作业测评、实验等教学环节，但这种参与往往是非主动的，基于完成教师的任务，从题目的确定到内容的限定，往往是教师根据课程要点进行设置并布置给学生的，而非学生主动参与；第二，受课时限制和课程结构化的安排，这种参与往往流于程序，缺乏后续的反馈与即时互动，尤其在人数较多的课程中更是如此。刘延东同志在《深化高等教育改革走以提高质量为核心的内涵式发展道路》的报告中指出，要鼓励小班教学，开展启发式、讨论式、参与式教学。❶

与这种观点相契合，慕课所提供给学习者的正是这样一种交互式的参与学习。在交互学习的过程中，知识的内化给学习者带来了与传统课堂教学不一样的体验。在学习的过程中，视频营造了教师与学生虚拟的"一对一教学"现场，学生可以暂停视频，反复观看视频，主动调节学习的自我节奏；作业完成后，学习者需要对其他学习者的作业进行批阅并写下意见，完成与其他学习者的互动；学习者可以选择自己喜好的讨论方式和工具，在线与其他学习者或助教及教师进行沟通，提出问题或解答他人的问题等；学习者可以下载或上传相关学习资料，补充学习的内容。这些方式都为学习者提供了交互式的参与学习机会，使得真正具有学习动机的学习者，能自始至终参与在学习过程中，感受到自己与课程知识、他人或教师之间的交互连接。

---

❶ 袁松鹤，刘选. 中国大学 MOOC 实践现状及共有问题：来自中国大学 MOOC 实践报告[J]. 现代远程教育研究，2014（4）：3-12.

三、知识内化指导下的慕课课程理论

慕课教学是授课教师与学生在不同的空间、时间完成的教学活动，应符合学习者的心理认知发展规律，在开发过程中，无论是教育管理部门、授课教师还是技术人员都要将"以人为本"放在首位，才能取得良好的效果。

改变课程开发理念，注重应用推广。在课程开发上要去除形式主义、功利主义，避免陷入技术应用越多越好、设备越高端越好的误区。教学视频资源要依据学习科学理论、方法，组织教学内容和设计教学过程，结合先进的视频制作技术和经验进行制作。要符合"内容为王"的策略，不能是设备和软件的堆积，教学内容是课程视频的重中之重，而制作技术和理论只是在教学内容的基础上为完成优质课程视频的制作提供支持。要从津津乐道于漂亮豪华的录像大厅，转向推介受学生追捧的授课教师上来；从统计动画个数、高清镜头转向分析学生自愿选课和完成课程的数据上来。

还要注意可持续发展的导向性作用。学校开展慕课教学，一方面是服务社会和大众，另一方面是促进学校教育教学改革。教师通过课程准备、录制和编辑等实践，可以切身体会网络环境下的教学特点、教学模式。但是现在很多学校花巨资购买非常规设备和技术，花大价钱外请技术人员，将面向大众传授知识的教学弄成了高大上的精英化演讲，将有限的投资只花费在少数课程上，而大批的课程和教师很难得到实践和探索的机会，这样无益于在高校中普遍开展教学改革。同时，课程视频资源建设是一个持续不断的工作，必然要注意经济性原则。高端的设备和先进技术的应用，极大地增加了课程建设与运行的成本。要尽量利用常规条件和服务来建设慕课，这也是高校自主推进慕课的必然选择。

厘清科教节目与网络教学认知心理差异，正确运用技术手段。尽管只是传播媒介不同，但是科教节目和网络教学无论是受众，还是学习方式、学习目的都有很大不同。慕课课程视频制作时，可以借鉴科教节目的表现手法和技术手段，但是切忌直接套用。

科教节目的中心是"看",即受众的中心活动是观看,相当于电视中的演讲者为电视里的观众讲课。看电视时,观者处于放松、自由和多干扰的状态,与电视屏幕距离也较远。为了引起关注,在节目制作中会较多运用动画、特效、背景音乐、蒙太奇的组接方法,渲染主题,制造视觉冲击,增强观看兴趣。

按照知识内化的理论,慕课课程设计理念的中心是"学"。学习者在一个相对安静的地方,较近距离地在电脑或便携终端学习。认知心理学研究表明,在多媒体的学习过程中,无关的声音、图片和文字会严重影响学生的学习效果。简洁、实用是课程视频的最基本要求。课程视频将授课教师直接推送到学习者面前,感受教师跨时空、个人化的面对面授课。因此,要尽量去繁就简,营造自然、安静的学习氛围,突出教师的个人魅力和课程知识内涵,可以用板书表现的就不要用 Flash 动画,可以用 1~2 个机位的就不要用上摇臂等非常规手段,避免过分的艺术渲染和过多的技术应用。

调动授课教师主观能动性,提供人性化的慕课课程视频。为了在较短的时间内完成大量的录制工作,课程录制大多安排在演播厅、录像厅中,面对陌生的教学环境、几台摄像机,再加上灯光的烘烤,教师均会紧张,即使平时风趣幽默、激情饱满的教师也会失去原有的感觉,难以发挥正常的教学水平。

长期的课堂授课,不同年龄、性别、学科、性格、爱好、生活背景的专业教师,会形成其个性特点的授课风格。要提高教师在课程视频中的参与度和话语权,录制地点、录制方式、技术应用都可以多样化、人性化。允许教师自由选择录像地点和表现方式,可以直接在真实的课堂教学中录制,也可以让教师在自己熟悉的办公室、实验室录制;可以站立侃侃而谈,也可以坐着循循善诱。

同时还要鼓励授课教师自己录制、编辑课程视频。以往由于昂贵的专业设备和复杂的技术操作,视频制作只能由专业人员进行,普通大众难以参与。如今普通大众也能利用电脑和通用软件处理视频,学校可以在校内培训教师使用个人录像机和通用的视频制作软件,自己拍片、剪辑和后期制作。这样能大大缓解教师的镜前心理压力,更自由、放松地面对镜头。教师自己控制教学节奏、关注点和表现形式,制作出其心目中的课程,可以大大提高课程视频的质量。这样开发的教学资源将更有针对性,更能体现课程的人性化,不仅会形成课程资源百花齐放、百家争鸣的局面,也能避免不必要的浪费。❶

慕课教学正处于一个不断发展、不断创新的阶段,我们需要借鉴、学习先进的经验,客观分析问题,摒弃技术至上、数量至上的快餐观念,从学习者的认知心理规律出发,确保课程视频教学的可持续发展,为高校教育改革服务,为社会大众服务。

四、知识内化理论在慕课课程设计中的运用

(一)充分考虑顶层设计的重要性

一门课程不同于打一个电话,或者看一篇文章这些只包含一个行动的事情,而是一个时间长、步骤多的复杂项目,需要有完善的工作机制才能推进,从而具有一定的难度。在慕课课程的设计中,要以知识内化理论为基础,从学习者视角进行多层次分析。

大多数时候,慕课学习的内容不以纸质书和讲义、习题的形式呈现给学习者。人们对事物的学习首先都会处于比较感性和模糊的阶段,人脑在接受外界信息刺激时会做出一定的反应,对外在客观物体形成一定的主观意识。对知识的学习也一样,学生在接触到观点、理念等显性知识时,会对此形成一定的感性认知。根据艾宾浩斯记忆遗忘规律,大部分知识内容会随着时间轴的拉长而消退,这个过程也是选择性记忆的过程,因此,从知识内化的角度看,慕课课程的设计应当首先从选择性记忆加工后开始,即在学生对记忆性的知识材料形成一定记忆的基础上进行课程内容的设计。这一阶段非常关

---

❶ 王健,郝银华,卢吉龙.教学视频呈现方式对自主学习效果的实验研究[J].电化教育研究,2014(3):93-99.

键，学生需要接受新的相关知识的重度展示，经历隐性—隐性、隐性—显性、显性—显性、显性—隐性的知识螺旋过程，并在强化区实现记忆的强化和留存。慕课课程内容的选择进入稳定区，课程知识在经过强化之后形成了课程图式，课程图式是关于课程知识的一种知识汇编。学生一旦建构了知识图式，便意味着对该部分知识有了一个稳定的认知结构。

与线下教学共同之处在于，知识的稳定不代表知识固化在学生个体认知系统中。按照皮亚杰的观点，学生在今后的学习中会摄取更多与该知识相关的知识，会对此部分有新的认知。如果这种认知印证了原先的认知，则发生同化，原知识图式得到量的积累，认知结构进一步稳定；如果这种认知与原先的图式不相容，而是一种新的认知，需要修改或者重建图式，则发生顺应，知识的图式会得到质的改变，而且认知结构也会得到更新。当然，同化和顺应不会时刻发生，它们会取得一定的平衡，使得学生在学习的过程中保持认知结构的相对稳定，这种相对稳定性可视为符合学生认知能力的一种理性认知，是所学知识内化的结果。❶

与线下课堂不同之处在于，慕课课程可以在知识可能进入"消退区"前，就通过知识分享、在线交流等方式，使知识学习进入"强化区"，让学生实现记忆留存。且在线的讨论联结了来自不同学习背景和视角的学生。线下课堂受课时和物理环境的限制，课堂学习往往难以让学生形成记忆的保持性。而参加慕课学习的学生在课程的学习过程中，通过平台、微信等多种路径进行交流、分享，拓展知识的内容，使得记忆遗忘曲线趋于水平，并且记忆的质量也有所提升。同时，摆脱物理空间束缚的慕课学习，可以通过在线合作学习的方式，使学习者从知识学习的"强化区"过渡到"稳定区"，从而实现感知饱和。

（二）知识内化理论在慕课学习中的应用案例分析

中国政法大学的"虚拟第三学期慕课平台"（以下简称"虚拟慕课平台"）通过"循环开课、自主修读、统一考核"的模式拓展了学校的教学

---

❶ 瓦兹沃斯 B J. 皮亚杰的认知和情感发展理论［M］. 厦门：厦门大学出版社，1989.

运行周期,建立起开放、多维、高效的学生慕课学习新模式(见图4-1、图4-2)。学生通过虚拟慕课平台可以自主学习全校范围的网上课程,完成各个教学环节的学习任务,获得相应学分,同时通过知识分享获得愉悦的学习体验。虚拟慕课平台既有利于人才质量提高,又是对学校教育资源的充分利用。

该慕课平台上的课程分为学分修读课程和辅学课程两部分。学分修读课程主要包括专业选修和通识选修课,是学校培养方案的组成部分。学生通过慕课主系统完成听课、作业、讨论、答疑、考试,达到考核要求即可计入学分。而辅学课程则主要是学校多年积累的各种精品课程,只作为辅助学习内容,不计入学分。

在慕课主系统的课程设计中,突出了慕课平台所具有的"学习进度追踪""辅助学习"等功能。"线上讨论""线上实验"是慕课主系统的核心部分;除此之外,还有"课程网站""线下研究"等板块。

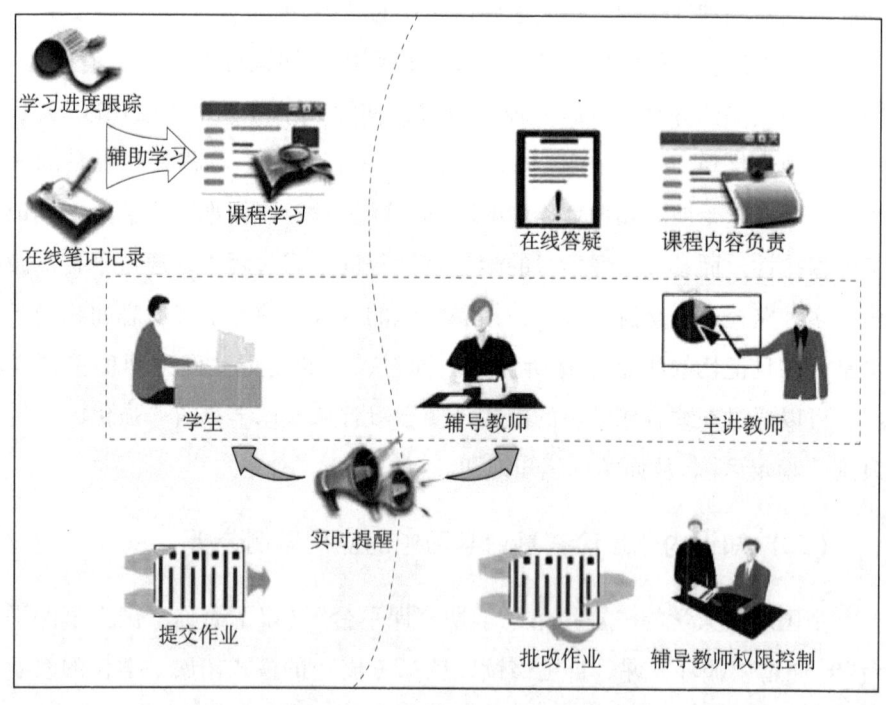

图4-1　中国政法大学虚拟第三学期慕课平台(1)

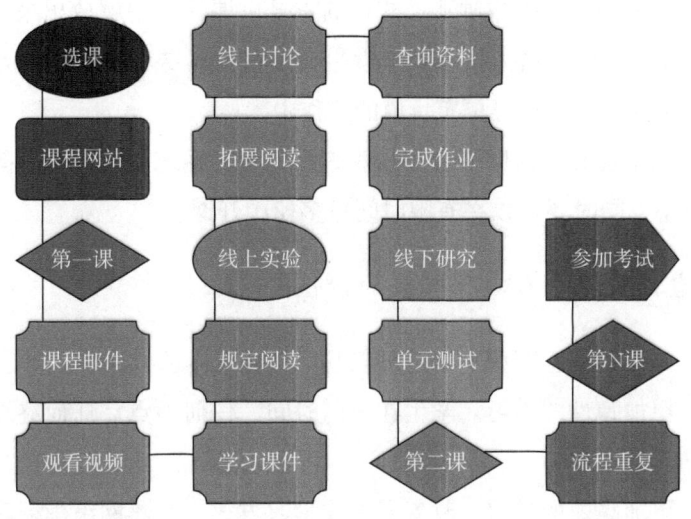

图 4-2 中国政法大学虚拟第三学期慕课平台（2）

1. 虚拟慕课平台体现的知识内化过程

（1）教学创新。注重"质疑""挑战"，促进教育理念、教学观念、教学组织管理、教学方法等多方面的转变与创新，使"知识分享"的新型教学模式得以落地，实现现代技术与教育的融合，为教育服务，进而提高教育的效率。

（2）即时性特征。任何时候都可以通过慕课平台，反向向教师提出问题，可以在慕课平台上抛出"漂流瓶"，向平台上所有共同体内的同学，也包括教师提出挑战性的问题。有效解决线下教学师生之间和生生之间交流沟通较少的不足。

（3）个性化培养。丰富灵活的课程资源，使得学生基于兴趣的个性化培养方案得以实现。

2. 虚拟慕课平台对于教师的价值

（1）发展机会。课程网络化会给教师带来无限的发展空间，尤其是对于年轻教师，课程上网迫使其更加自觉地提高教学水平，更加专注于课程及服务，提升开课质量以吸引更多学生听课。

（2）模式创新。把教师从模式化的重复讲课任务中解放出来，使教师能够把更多的时间、精力投入到与学生交互讨论、课程资源建设、学习过程引导、指导论文设计等更有价值的工作中。

（3）效率提高。借助平台的作业查重、考试系统、试题管理等功能提高教学效率，同时还可以在有限时间里多轮次开课。

3. 虚拟慕课平台对于学生的价值

（1）丰富的课程资源。学生可以基于兴趣自由选择课程。

（2）更加弹性的学习。学生在任何时间、任何地点、任何终端都可以进行学习。

（3）更加高效的学习。改善灌输式学习方式，培养网络学习习惯，强化了学生的综合素质。

4. 虚拟慕课平台对于教学质量的价值

（1）学习过程监控和评价。课程播放有禁止拖动、快进、跳集观看的功能，并配备了过程性评价方式对学生的学习进行控制与评价考核。

（2）立体式的网络交互。网络课堂通过各种方式构建了大大超越传统课堂的师生、生生交互渠道。

5. 虚拟慕课平台的辅助功能

（1）作业查重。

（2）语音答疑。

（3）教学空间。

（4）统计分析。

虚拟慕课平台在学校人才培养过程中具有十分重要的意义，该模式充分利用信息网络技术，突破了传统教学活动中时间、空间的限制，实现了师生之间更加广泛的互动分享。即通过大互动平台，将教学理念、概念与观念，教学管理制度，教学组织形式充分开放，使师生间的互动增强，慕课冲破了传统课堂空间下的单一讲授模式，由此促进了课堂教学方法等多方面的创新。

五、慕课课程设计过程中知识分享的障碍

慕课课程设计中,知识分享一直是教师关注的问题。但在常见的慕课课程设计中,教师常常因为较少注意到课程设计中的问题,导致知识分享并不能顺利开展。

(一)认知过程受阻

认知过程受到的阻碍主要源于视听内容缺乏对注意的控制和信息呈现过快、过多导致的信息处理速度滞后。在传统的线下课堂中,这一现象并不明显。即使教师采用PPT为主的授课方式,也会通过同一空间内学生的课堂反应,适当对PPT上的图文信息过量问题进行调整。但是,在网络空间开展慕课教学时,会出现不同的情况。

一是视觉区差异导致慕课学习者注意力控制不佳,影响知识分享。以国内主要慕课平台上的课程视频为例分析发现,最常见形式为PPT配合教师讲授,当教师与PPT处于同一画面时,视觉区域内会形成两个注意对象,学习者需要根据教师的语言与手势判断注意区域,这一过程会消耗不必要的精力。教师与屏幕形成两个视觉重心,关注点的左右飘移会造成学生注意力分散。若画面只显示PPT内容,欠佳的设计也会存在同样问题,比如同时显现大量图文信息,与浏览速度脱节。当结构关系图不加层次地快速呈现时,视觉上会将彩色图形作为整体的纹理式认知对象而忽视内部的文字信息。因此,设计不佳的视频往往对视觉的注意缺乏控制,视觉散点过多,导致注意力分散。

二是信息冗余。因PPT软件局限,文字往往成段出现,而人脑的文字处理速度要慢于听觉信息的传达,导致大脑接收到的两方信息相互干扰。教师往往希望通过视频画面传达尽可能多的学习内容,然而文字的大面积铺陈会导致学习者将认知精力耗费在文字辨识上,结果适得其反。另外,有的课程制作了华丽的虚拟场景及特效,虽然丰富了视觉表现,但若对装饰元素不加控制,同样会让学习者眼花缭乱。

(二) 情感传达不足

慕课课程设计中，常常会出现课程设计者预期的互动、分享较高，但授课完成后，特别是查看相关的交流情况时，常常会发现远未能达到预期。这种情感传达的不足表现在以下三个方面：

一是授课感染力缺乏。授课者表现力欠缺的情况普遍存在。如教师在镜头前表情冷淡、不自然，语调缺乏变化。优秀的慕课教师在肢体动作、表情上更重视与镜头的直接"交流"，情绪更有感染力。

二是媒体表现形式单一。很多视频选择对授课教师采用中庸的中景或全景固定镜头，镜头切换率低，在长时间的解说中缺乏视角变化。即使是文字内容的呈现，也少见色彩、字体及运动方面的设计，这使本无情绪起伏的课程内容更加单调。学习者在学习过程中感受不到节奏与变化，难以被感染。

三是模板化设计表现力欠佳。目前慕课平台中多数课程使用模板化制作。课程内容的画面多以教师加展示屏的固定镜头为主，辅助媒介除了PPT，仍是以文字加图片的表现形式。这类模板化设计形同实体课堂搬家，在网络环境下的表现力及实用性受阻，美感不足，未能发挥慕课短小精炼、具有视听张力的表现优势。

以上问题的症结，在于慕课的知识分享设计常常没有以学习者为中心，仅以制作方便为基准。如教师大多已习惯了线下课堂授课，于是在慕课课程中造成了屏幕上呈现的效果与实体课堂类似，但这不是最符合学习者需求的设计。以学习者为中心，需要全面考虑学习者的认知规律和心态变化，在视听设计上以最利于知识识别与记忆的形式来呈现，并适时引导与调整学习者的情绪，使学习者乐于主动探索和接受内容。

要克服上述慕课课程设计过程中的知识分享障碍，就需要遵循认知规律，在做好注意控制的基础上，降低外部认知负荷，丰富视听表现，帮助学习者建立潜在知识关联，促进记忆。本研究认为，具体的途径可以概括为以下六个方面：

一是建设知识背景。知识内容的呈现需要顾及学习者的知识背景。学习者对新知识接受的快慢与多少与其已有的知识、经验密切相关。学习者对于没有相关知识背景的内容，不容易产生知识的关联。因此，进行慕课内容设计前，设计者应置换身份，向慕课的学习者明确知识的重点与难点，在重点难点的讲解上投入更多精力。对知识跨越较大的内容，需要提供背景知识作为铺垫。在视听形式上，采用学习者熟悉的元素或形象，也能帮助学习者接受。

二是构建视听为主的多样化情境。视频内容的设计上应以视听形式为主，同时设计多样化的学习内容及情境。录音、图片、电影、电视等观察经验的知识留存率高，非常适用在非实体课堂的慕课教学视频中，可以给学习者更直接的观察与体验，留下深刻印象。

三是去除冗余信息。同课堂授课不同的是，慕课中的PPT不能有冗余信息，同时要避免教师与PPT同时出现在画面里。若需同时出现，在视频制作时，要控制双方在视频画面中的色彩、面积、动静的对比来凸显视觉重点，并尽可能减短这类画面的时长。要避免使用大段文字，多用趣味性强或有视觉冲击力的相关图片；文字应采用简短的词组，并调整字号、字体、颜色，使其易于辨认。对于必须出现的大段文字，要跟随教师的讲授进度，加以标注和引导，避免毫无动态指引地批量呈现。同时，慕课中PPT的色彩搭配要和谐，多通过排版、色彩、运动等突出重点，避免无关元素分散注意。

四是提供记忆环境。根据不同知识设计教学视频的背景环境。如室内外环境、学习同伴、特定的色彩、相关装饰等，将有利于在知识间建立关联，有利于知识的融会贯通与提取。阅读材料的设计上用图片为文字内容提供相应的记忆环境，同样能够起到增强、巩固记忆的效果。避免将学习者长时间置于单调不变的学习环境中。

五是突破模板化设计。慕课的进阶设计需要突破模板化设计。慕课教师要有勇于尝试授课新形式的意识，突破既有经验中陈旧的授课方式，改变授课环境或辅助媒体的表现形式，如教师讲授安排在室外公共场所，带动学习者进行发现式学习；视频资料可尝试影像叙事或动画表现。另外，视听创意设计需要由专业团队负责，以提高慕课视频和文本制作的水平。

共情是慕课设计中引导学习者体验某种情感，产生共鸣，如观察教师的表情，学习者很容易感受到情绪变化，从而对学习内容做出判断。心态会通过人的表情与动作表现出来，有利于共情的产生。若授课者不习惯面对摄像机，固定镜头就会使授课者显得拘谨，因而需要活泼的镜头设计。如增加行动路线、镜头调度，让视觉氛围活跃起来。相反，在学习者需要进行深入思考时，画面不宜切换或运动，否则会打断思维的连贯性。学习者对教师以外的视听元素同样能产生共情，人类先天倾向于把物品拟人化，把人类的情感和信仰投射到任何物品中，并且通过对情感的把握来帮助对外界信息的认识，如鲜明的色彩、有冲击力的影像、特殊音效等。

存在感会带来个人价值认同与精神满足。慕课设计中对存在感的体现主要通过行为设计完成。一是给予学习者参与实践的机会，在视频学习后答题，能够有效唤醒学习者的参与意识，并构建起学习内容与学习者的相关性（师生的间接对话行为）。二是在视听上设计与学习者的虚拟互动，可带来更好的沉浸体验。

成就感主要体现在教学过程的可视化。在慕课课程设计中，若将教学目标的完成进度可视化，就能让学习者对学习成果产生直观认识，激发学习动力。问答环节的视觉听觉反馈也能起到同样的效果。如答题正确会出现悦耳音效并显示绿色的"非常棒"字样等。视听刺激作用于心理，能够引起情绪变化，带来成就感或激起挑战欲。

六是注重情感关注。通常在线下课堂空间中的师生互动，更加具有教学中的情感沟通与交流功能；而在慕课课程中，视频的后置信息传递，使得师生之间的情感传达难以在深层次上满足学习者除实用之外的精神需求。本研究认为，基于慕课设计的挑战，设计者应该及时调整慕课课程设计的内容，特别是要对情感沟通更加关注。这种关注主要体现在共情、存在感与成就感三个方面。

第五章　知识内化理论在慕课教学设计中的应用

在第三章中，我们论及了日本学者野中郁次郎和竹内弘高提出的知识螺旋递进的模型。依据野中郁次郎的观点，知识持有者将个人的知识转换为文字、书籍，即为管理知识的外化；知识学习者再通过研读书籍，将这些知识转换为内隐知识，即为管理知识的内化。在知识外化—内化的过程中，知识由知识的原创者流向知识的学习者，通过社会化、外化和结合化而形成的心智模式与技能诀窍，重新渗透到个人的默会知识库中的内化环节。在社会化、外化、结合化与内化的往复循环过程中，知识获得了创造的机会与动力。整个过程被野中与竹内命名为知识创造的 SECI 模型。

第二章从认识论的角度聚焦"知识"本身，本章则从本体论的角度，结合慕课课程的设计，特别是依据知识内化的特点，提出慕课教学中应该具有的促进知识内化的特征，包括共享知识、形成概念、辨析概念、形成原型、知识跨层等。在此过程中，知识在个体学习、慕课课程讨论过程中，个体外化的知识如何在内化过程中强化，是当前慕课课程教学研究中一个较新的研究领域。

一、知识分类方法在慕课教学中的应用

一些慕课课程在进行制作前，常常是按学科标准进行分类的，如"地理探索""数学奥秘"；也有的慕课课程中的知识分类是按照知识的获取方式进行划分的，如"直接知识"和"间接知识"；还有按照知识反映活动

的形式进行分类，如"感性知识"和"理性知识"。这些知识分类多种多样，每个维度又千差万别。这些分类都或多或少在某种程度上对帮助教师完成慕课设计发挥了作用，不过发挥作用的前提是教师对知识分类有深刻的理解。但是上述的知识分类标准有一个共同的弊端，那就是它们大多建立在对知识的客观分析上，对学习主体的心理过程和特点考虑得较少。直到后来引入认知心理学对其进行分析研究，这一弊端才被逐渐弥补。

认知心理学家安德森（Anderson）在耶鲁大学任教期间建构了 ACT（Adaptive Control of Thought）理论，目的在于解释人类认知的过程，以便在计算机上进行模拟，进而揭示人类认知的规律。ACT 模型建立的基础就是知识分类理论。[1]

陈述性知识即"描述性知识"，亦称"事实性知识"，是用于回答"是什么"和"为什么"的知识，表现为一系列的概念命题、法则、定理和理论等，是作为事实回忆之基础的知识，主要以命题（命题网络）或表象的形式在大脑中表征。它包括各种事实，提供有关认知对象是什么、具有什么特征的静态信息。

程序性知识则是用于回答"怎么办"的知识，常表现为某种操作程序。程序性知识分为两大类型：一类是通过练习可以达到相对自动化的程度，很少或不需要受意识控制，称为"智力技能"（Mental Skill），它属于处理外部事务的程序性知识；另一类是以对客观规律的洞察和把握为基础的活动定向性知识，通常受意识控制，其运用很难达到自动化程度，是用于调控认知过程的程序性知识，称为"认知策略"（Cognitive Strategy）。这两种类型的知识无论在知识的获得表征还是提取和应用上，都存在一定的差别。

陈述性知识是掌握程序性知识的基础和前提，程序性知识的获得是发展学生能力的关键。知识学习的心理基础是"图式"（schema）。图式是人类过去获得的知识经验的一种心理表征，可对当前获得的材料进行重构和

---

[1] ANDERSON J R. Acquisition of cognitive skill [J]. Psychological Review, 1982 (89): 369 – 406.

改造，使人的行为受当前经验的影响。图式由命题和产生式构建而成，既可表征陈述性知识，又可表征程序性知识。程序性知识的产生式系统镶嵌在陈述性知识的命题网络之中，共同构成知识网络即图式。程序性知识的静态部分表现为一系列可以言语的"陈述性规则"，而这"陈述性规则"便是陈述性知识向程序性知识转化的中介。由学习所导致的图式结构中命题和产生式之间的变化实质是陈述性知识和程序性知识的相互转化。问题解决是转化的有效途径。

陈述性知识和程序性知识的学习并不是截然分开的，它们是互为条件、互相促进的。在程序性知识进入执行状态的过程中，需要陈述性知识作为知识资源或知识背景，为其提供可资利用的与某个产生式有关的必要信息。反之，程序性知识对陈述性知识的获得存储和提取也要产生影响。经过复述而进入长时记忆的陈述性知识很难在形成之初就既简练精要又与原有知识水乳交融，形成合理精致的命题网络或建立起完善的主观图式。它需要在获得或存储过程中不断地进行重建与改组，而这在很大程度上依赖于程序性知识的能动作用，即匹配和执行，以便为其提供操作程序和操作手段。

早在安德森知识分类理论提出的几十年前，英国哲学家吉尔伯特·赖尔（Gilbert Ryle）也提出过类似的主张。在他看来，描述一个人完成某项智力任务的时候，不应该只关注学习者行为的提升（know - how），还应该关注他所学习到的事实性知识（know - that）。[1] 尽管当时赖尔并未明确说明这是对知识进行分类，但是其对学习结果的分类也体现了他知识分类的思想，这里的"know - how"可以理解为程序性知识，"know - that"可以理解为陈述性知识。

华东师范大学著名的教育心理学家皮连生教授认为，从教学设计的角度来看，在这两类知识之外再添加一个"策略性知识"才更合理。策略性知识指个体在何种条件下以及为什么使用这两类知识，解释的是"什么时

---

[1] RYLE G. The Concept of Mind [M]. Chicago：University of Chicago Press，2000.

候"和"为什么"的问题。❶ 就其本质而言，它只是一种特殊的程序性知识，并没有被赋予新的内涵，因此被大家广泛接受的知识分类理论仍然是安德森的知识分类理论。

在传统课堂中，教学视频扮演的往往是教学辅助者的角色。教学视频的引入使得慕课教学更具个性化、极强的真实性和感染力，使其内容更有趣味性，激发了学生主动建构知识的积极性。有的慕课课程在主要的学习材料之外添加额外的视频辅助学习材料，不仅可以增强学生的参与度，还可以提高教学效率。❷ 在慕课教学中，一般的教学组织流程中都有学生课前观看教学视频、课上做作业或者解决问题环节。教学视频是慕课教学模式实施的基础，华中师范大学的一位硕士研究生对"数码图像的采集与处理"这门为本科学生设置的教育技术领域慕课进行研究发现，无论是对于低难度教学视频还是高难度教学视频，在知识的保持效果上，先学习陈述性知识组与先学习程序性知识组未存在差异；而在知识的迁移效果上，先学习陈述性知识组要优于先学习程序性知识组。该研究认为，在慕课的教学设计中，认知技能的掌握过程是先掌握陈述性知识，然后通过练习将陈述性知识转化为程序性知识。同样，学习者在通过教学视频进行自主学习的时候，先学习陈述性知识再学习程序性知识可以取得更好的学习效果，尤其是在学习迁移方面。❸

二、前概念与慕课教学设计

（一）前概念对于慕课教学设计的重要性

对于慕课教学来说，学习者在慕课课程学习开始之前，如何将头脑中

---

❶ 皮连生. 学与教的心理学 [M]. 上海：华东师范大学出版社，2009.
❷ KAY R H. Exploring the use of video podcasts in education：A comprehensive review of the literature [J]. Computers in Human Behavior，2012，23（5）：820－831.
❸ 许智慧. 不同难度教学视频中陈述性知识和程序性知识的呈现顺序对学习的影响 [D]. 武汉：华中师范大学，2018.

存在的与将要学习的内容相关的观念或看法,与慕课课程内容联系起来,具有非常重要的教学价值。

从20世纪70年代开始,研究者逐渐重视学生头脑中已有的观念对学生学习的影响,开展了大量针对前概念(preconception)的研究。研究者根据各自的理论和目标为前概念定义了许多不同的称谓,[1] 如前概念、直觉想法(intuitive ideas)[2]、朴素信念(naive beliefs)[3]、另有框架(alternative framework)、另有概念(alternative conceptions)[4]、前科学概念(prescientific conception)[5] 等。从皮亚杰关于儿童对液体守恒的研究开始算起,前概念及概念转变的相关研究已经有将近百年的历史。[6] 在这近百年的时间里,对学习者前概念的测查方法和技术也在不断改进和增加,例如,通过观察儿童的行为来判断儿童的前概念;或者通过让被试观察实验过程的实验法,并要求他们表达自己的想法;通过提问、追问等方式引导学习者表达自己观点的访谈法。在一些研究中,采用了通过调查问卷的方式,发放以两个问题为一组的问卷,在第一次提问时考察学习者的前概念,紧随其后的第二个问题考察学习者做出上述回答的理由,既了解学习者有什么样的前概念,又能根据第二个问题推断学习者获得前概念的方式或支持前概念的理由。这一了解学生前概念情况的方法被称为"二阶诊断测试法",被运用在一些有关中学生科学前概念的研究中。[7] 近年来,一些慕课课程开始使用思维导图的方法,在学习内容中增加了呈现学生前科学概念的内

---

[1] 伊亮亮. CTCL范式下的微视频学习资源开发与应用研究 [D]. 长春:东北师范大学, 2017.

[2] HAWKINS J A. Definiteness and Indefiniteness: a study in reference and grammaticality prediction [M]. London: Croom – Helm, 1978.

[3] CARAMAZZA A, MCCLOSKEY M, GREEN B. Naive beliefs in "sophisticated" subjects: misconceptions about trajectories of objects [J]. Cognition, 1981, 9 (2): 117 – 123.

[4] SEQUEIRA M, LEITE L. Alternative conceptions and history of science in physics teacher education [J]. Science Education, 1991, 75 (1): 45 – 56.

[5] GOOD R, SHYMANSKY J. Nature – of – Science literacy in benchmarks and standards: post – modern/relativist or modern/realist? [J]. Science &Education, 2001, 10 (1): 173 – 185.

[6] 皮亚杰. 发生认识论原理 [M]. 王宪钿, 等译. 北京:商务印书馆, 1981.

[7] 王珏. 基于前概念理论的适应性学习系统精准诊断策略研究:以初中物理为例 [D]. 长春:东北师范大学, 2018.

容，让学习者使用电脑软件将自己头脑中的前概念及前概念之间的关系，用节点和线条的方式表示出来，用以了解前概念及前概念之间的结构概念图。通过这种概念图法，可以比较直观地了解到学生在概念问题上出现的逻辑特点。

我国的研究者在20世纪90年代也开始意识到学生在概念学习过程中会受到一些以往的观念的影响。这些现象在中文研究文献和教育实践中，通常被称为"先入概念""概念混淆""错误概念""学前概念""错误经验""错误观念""想当然""日常概念"等。教育研究者和实践者认识到，造成学生在学习过程中出现错误的原因之一，可能是他们头脑中有"先入为主"的经验、观念和习惯。我国研究者认为，恰恰是这些经验和习惯具有一定的顽固性，导致学生在学习过程中出现错误的理解。

个体在学习过程中，头脑中的概念是如何学习到的，即个体学习者头脑中概念转变的过程与机制是怎样的，是世界上多个研究领域中不断发力、反复挑战的课题。在长达半个多世纪的时间中，不仅是教育领域进行了推论式的分析，在认知心理学领域，物理、化学、生物等科学教育领域也都进行了大量实证性的分析。因为这个领域的研究事关个体如何认识学习的过程，在探索未知和传递文明的过程中如何能够进一步加强学习这一人类社会发展的母题。而在慕课崛起发展的过程中，慕课的教学设计如何从中汲取智慧，也深刻影响着慕课在中国的发展。

在最近的三十多年中，不同背景和视角下的研究者从认识论的角度，更加深入地追问概念的转化和发展问题。美国康奈尔大学的波斯纳（Posner）、斯特莱克（Strike）、亨森（Hewson）和格特左戈（Gertzog）在1982年基于认识论、库恩的科学革命论以及皮亚杰的认知发展理论，提出了概念转变模型（Conceptual Change Model，CCM）。[1] 波斯纳等人将学习者的概念转变与科学的发展相类比，将概念转变界定为"人（头脑中）重要的、组织化的概念从一套概念系统转变为另一套不兼容的概念系统的过

---

[1] POSNER G J, STRIKE A K, HEWSON W P, et al. Accommodation of a scientific conception: toward a theory of conceptual change [J]. Science Education, 1982, 66 (2): 211-227.

程"。一方面他们借鉴了皮亚杰认知发展理论中的术语,将概念转变划分为同化和顺应两种类型:"同化"(assimilation),即学习者运用固有认知解释新的现象;"顺应"(accommodation)发生在原有的认知不能解释新现象时,为了理解新现象,学习者以新现象为核心,进行观念的重构,是一种根本性的转变。为了实现"顺应"这种根本性的概念转变,波斯纳从打破认知平衡的角度,提出了概念转变应满足的四个条件:

首先,学习者必须对原有观念产生不满(dissatisfaction);其次,新的观念具有可理解性(intelligibility),学习者能够将新观念和谐地融入自身的内部表征;再次,新的观念要具有合理性(plausibility),学习者的其他知识或观念与新观念不存在冲突;最后,新的观念要具有有效性(fruitfulness),学习者可以运用新观念解释反例或引出新的探究方向。

波斯纳等人还进一步指出,概念转变与观念所处的"环境"有关,他们借用了生态圈的概念,将影响概念转变的因素描述为"概念生态圈"(conceptual ecology)。十年后的1992年,波斯纳等人对该模型做了修订,增加了学习环境中社会与动机的因素,丰富了"概念生态圈"的内容。[1]它主要包含五点内容:(1)反例。当学习者使用原有的概念无法解释新的问题时,就会让学习者对原有概念产生不满,进而产生认知冲突。(2)类比或隐喻。可为学习者在原有概念和新概念之间建立联系,就像搭建桥梁一样,帮助他顺利理解新概念。(3)认识论信念。学习者在选择概念时,确立判断哪种概念能正确解决问题的标准。(4)精神层面上的信念。在正确处理问题时,学习者内心已经决定了新概念是否应该被接受。(5)其他知识。新概念必须比学习者原有概念具有更多的内涵与功能。

概念生态提出之后,引起了许多学者的重视,他们通过实践探究,不断探索概念生态在概念转变教学中的应用价值,概念转变也由开始的静态、单向的概念生态,逐渐转为内在、外在都不断发展的动态过程。

目前主要的概念转变理论除了上述波斯纳的认识论模型之外,还有季

---

[1] STRIKE K A, POSNER G J. A Revisionist Theory of Conceptual Change [M]//DUSCHL RA, HAMILTON RJ. Philosophy of Science, Cognitive Psychology, and Educational Theory and Practice. New York: State University of New York Press, 1992: 147-176.

清华的本体论假定、沃斯尼阿多（Vosniadou）的心理模型建构论。❶ 这些理论对于教育者理解概念转变的过程与机制，并具体运用到教学过程都有重要的帮助。美国亚利桑那州立大学华裔学者季清华等人提出了基于本体论的概念转变理论。该理论认为，世界上的实体可归属为"物质"（matter）、"过程"（processes）和"心理状态"（mental states）三种基本的本体论类别，每一个基本类别下又分为若干子类别，构成三棵"本体论树"（Ontological Categories Trees）。许多科学观念属于"过程"类别下"基于条件的相互作用"的子类别，如"力"这一概念就属于过程。当学习者将事物归为错误的本体论类别时，就会产生与科学观念相悖的认知偏差。当学习者重新将概念正确地归入其所应从属的类别时，概念转变即可达成。季清华等人的理论也对本体论下的概念转变类型做了划分：同一本体论类别下子类别之间的转换，称为"枝节转换"（branch jumping）；不同本体论类别之间的转换，比如从"过程"类别转移到"物质"类别，称为"树间转换"（tree switching），前者较易实现，后者较难达成。这就解释了为什么有些认知偏差容易发生概念转变，而有些则不易发生。❷ 基于本体论的概念转变理论对概念转变的促进包含两方面的启示。首先，课程、教材和教师应关注学生的本体论信念，比如，教材应明确提出"过程"类别，让学生清晰地意识到许多科学概念属于"过程"类别下"基于条件的相互作用"子类别；其次，教师应注意教学语言，避免使教学语言强化了学生错误的概念分类。

美国伊利诺伊大学的沃斯尼阿多等研究者基于发展心理学对婴儿朴素理论研究的成果，从框架理论的角度对概念转变加以阐释。❸ 该理论认为，概念根植于对它们起约束作用的更大的理论结构中，理论结构包括框架理论（framework theory）和具体理论（specific theory）。框架理论包含本体论

---

❶ 袁维新. 概念转变理论及其对当代科学教育的启示 [J]. 外国教育研究, 2009, 36 (233)：11-16.

❷ CHI, M T H, SLOTTA J D, LEEUW N De. From things to processes: A theory of conceptual change for learning science concepts [J]. Learning and Instruction, 1994, 4 (1)：27-43.

❸ VOSNIADOU S, BREWER W F. Mental models of the earth: A study of conceptual change in childhood [J]. Cognitive Psychology, 1992, 24 (4)：535-585.

和认识论的前提,从婴儿期的朴素理论发展而来;具体理论包含信念(beliefs)与心理模型(mental models),受框架理论的约束在特定的问题情境中生成,具有动态性。当学习者在包含错误的本体论和认识论前提的框架理论下吸收新的信息,将会导致错误的概念。因此,概念转变与理论结构的拓展和变化有关,分为两类:一是"丰富"(enrichment),在原有的理论结构下吸收新信息;二是"修正"(revision),即理论结构的转变。具体理论较易改变,框架理论则较难改变。

基于框架理论的概念转变理论对于慕课的教学设计有一定的借鉴意义。与课堂教学的一致之处在于,慕课的教学并非只是将课程内容以更加清晰的图像化、结构化的方式呈现在视频或者PPT上。在设计慕课课程的时候,教师应该清晰地认识到学生可能出现的错误概念是何原因造成的。框架理论的意义在于,与一般的课堂教学设计中强调学生的"易错点"不同,框架理论深刻地指出了学习者的本体论和认识论信念很难被抛弃,因为它一般不为学习者所意识和检验。因此,在进行哲学、社会学等学科的慕课课程教学中,涉及哲学本体论、社会学相关概念(如性别意识、平等问题、多元文化等)的问题。在慕课的教学中,尤其需要促进学生的元概念意识(meta-conceptual awareness),需要促进学习者对理论结构尤其是框架理论的意识和反思。同时,该理论认为,仅仅挑战学生的错误概念或错误心理模型并不能达到完满的概念转变,因为错误的根源在于在概念背后起约束作用的框架理论,它具有一定的牢固性,只有挑战这些认识论和本体论的前提才能引发根本的概念转变。

(二)慕课教学设计中前概念对于慕课教学设计的重要性

在传统课堂的学习中,教师要完成概念转变,必须充分完成教学准备工作。我国基础教育领域中,通过建立三级教研体制,充分发挥专业教研人员、有经验教师的经验,挖掘教师团队的合作能力,通过教研小组的讨论、分享和课堂教学示范,包括理解学生在学习过程中的前概念水平,如何帮助学生提升对新概念的理解,转换其对原有概念的认识等方面,形成

了一些经验型的解决方法，特别强调对教材知识的结构性把握。❶

国内当前的高校平台在进行慕课教学设计时，考虑概念转变教学的案例并不多见。在高校课程与教学研究领域，根据我国的本土特点，研究者在相关的教学策略中掺入了一些新的教学方法，尝试探索以概念转变教学的策略促进课堂教学的效果，但总体来说，相应实验研究还是相对缺乏。

一些高校的研究者尝试借鉴国外的认知策略，对概念转变的过程和发展进行本土化的改进。这些研究虽然在一定程度上可以借鉴到慕课的教学设计中，但由于是片段式的借鉴，相关的参考度并不高。例如，有的研究在国外概念转变教学设计的基础上，增加了关于学习者元认知方面的策略，提出了在课堂或者线上的教学设计应该关注学生在学习过程中的自我管理。包括在慕课的教学设计中增加了错误的前概念有哪些，这些前概念如何影响学习者对问题的理解等，使学生能够意识到概念转变的过程和发展，并最终获得科学概念。❷

浙江师范大学课程与教学研究所所长蔡铁权教授带领的团队撰写的《概念转变的科学教学》一书中，对概念转变的科学教学知识作了全方位的介绍，从我国近现代科学教育的滥觞与发展源头说起，详述了概念转变科学教学的理论基础，同时对引发认知冲突、解构迷思概念的具体环节进行了详细分析。❸ 在蔡铁权教授看来，我国目前主流的教学策略主要用于中小学课堂教学。同时，这些内容在一定程度上也更广泛地应用在慕课教学设计中。例如：

（1）在慕课的设计过程中，有意识地掌握从影响概念转变因素的角度提出教学策略，即从学习者的前概念情况、认知冲突、元认知角度等方面对慕课中的视频、文字和其他相关内容进行梳理，注重从概念转变教学需要注意的时间出发进行教学设计，而不是仅仅呈现一些动画、视频内容。

（2）概念转变教学策略，即在慕课的教学设计中，适当借鉴传统教学

---

❶ 丛立新. 沉默的权威：中国基础教育教研组织 [M]. 北京：北京师范大学出版社，2011.
❷ 李高峰，刘恩山. 前科学概念的研究进展 [J]. 内蒙古师范大学学报（哲学社会科学版），2007，36（4）：62-67.
❸ 蔡铁权，姜旭英，胡玫. 概念转变的科学教学 [M]. 北京：教育科学出版社，2009.

方法，但同时又注重将概念转变教学的可行性和有效性运用在慕课的教学设计中，比如通过直观的视频、动画、表格等内容，对概念进行对照分析，让学生理解二者之间的差异。

（3）慕课的教学中，尽量包含新概念在应用环节的实例。慕课教学具有鲜明的即时性特征。在慕课的教学中，随时可以通过建立新的网络链接，包括将学生的讨论内容引入教学当中，来检验学生是否真正理解了科学概念，同时也可以使学生在应用中巩固新获取的科学概念。

（4）在慕课的内容中引入认知冲突引发的概念转变教学策略，即通过视频、文本和其他相关的内容，在慕课课程中呈现多元化的学习材料，或者通过在线的教学活动引发学生的思考并产生认知冲突，在解决认知冲突的过程中帮助学生转变概念。

总体来说，概念转变作为知识内化过程中的一种方式，应当被慕课教学设计者重视起来。慕课的教学设计不能仅仅满足于将文本内容动画化，将结构化知识立体化、可视化，慕课的教学设计者要充分认识到视频化和在线讨论，可以充分地让学生体会到认知结构失去平衡时对前科学概念产生的不满，由此促进学生产生强烈的求知欲，通过在线交流等一系列方法，促进学习者寻求解决问题的办法，在认知结构恢复平衡的过程中，完成概念的学习。

本研究认为，知识内化过程中引发认知冲突是慕课概念转变教学过程中的重要一环，也是促使慕课学习者主动投入学习过程中的关键和学习科学概念的关键。引发认知冲突的策略有特例、反例、文本资料和合作学习四种。

（1）特例。慕课的视频和文本资料提供相关概念的特殊案例，用以与学习者的原有概念发生碰撞，让学习者对概念的内涵、外延的范围形成正确的认识，例如清华大学学堂在线提供的慕课"公共危机管理"，就充分利用现代教学手段，让多学科背景的学习者首先就公共事务中的多个典型危机事件进行分析（见图5-1）。该慕课的教学设计倒转了线下常态课堂教学的设计。通常在线下上课时，教师先呈现公共危机管理的理论，再逐步呈现公共危机的特点、成因，最后进行相关的案例分析。其中的"课程视频和学习记录",将学习者的讨论过程完整地记录下来。"作业批改和讨论交流"又为学习者提供了相关新的特例,强化了学习者头脑中的危机管理概念,从而提升了学习者应对公共危机的处理能力。

课程介绍

风险与危机无处不在,无时不有!如何认知、准备与应对有关风险与危机,促进公共组织和社会平稳运行与安全发展,非常需要大家一起探讨危机管理之道。

开课时间:
2021-01-04

教学时长

学习投入

图 5-1 清华大学慕课"公共危机管理"

该慕课运用了概念转化的设计理念,首先呈现的是一系列政府公共事务中面临的危机个案,然后通过在线讨论,充分进行"如何应对公共危机"的理念、制度、干预战略策略和方式方法的讨论。每个案例讨论之后,主持教师分享通过该案例反映出的风险意识问题、如何运用风险分析、快速决策、危机沟通与组织协调四个方面的专业知识与技能来预防与应对该类危机。慕课中上述特例的引入,大大增强了学习者对此类课程的兴趣,从而切实提高了学习者公共危机管理的研究能力与实践能力。

(2)反例。反例既是概念转变的影响因素之一,也是教学中常用到的引发认知冲突的策略。当慕课中的案例与学习者的前科学概念相对立时,即可认为是反例。以清华大学彭宗超教授"公共危机管理"的慕课教学设计为例,正是通过新闻报道中的视频、图像等直接呈现的方式,引出全球范围内和我国过去十年来,政府公共事务管理层面经受的危机考验。在视频的结束语中,提出了"假如你和团队遭遇此次危机,如何应对""分析了当时的应对措施后,请与其他慕课学习者一起讨论,还能如何改进当时的应对措施"等问题。这些反例让慕课学习者的认知结构受到冲击,使其对"危机应对"概念的属性和外延有更准确的认识。

(3) 文本资料。慕课教学设计中，不仅提供直观的视频，更多的人文社会学科的慕课课程需要呈现含有特定内容的资料，让学习者在阅读的过程中产生认知冲突。"公共危机管理"慕课教学中提供了两种类型的文本：一种是批判性的文本资料，一种是非批判性的文本资料。批判性文本资料策略是教师直接将学习者的前科学概念呈现出来进行分析、批判，让学习者产生认知冲突，同时给出正确的概念，例如"公共危机管理"慕课中，教师呈现了2011年3月发生在日本福岛地震时期核泄漏事件造成的公共危机，提供了当时多家新闻媒体对事件的报道。然后进行网络交流讨论，根据学习者的观点，教师再进行解释、补充。在这个过程中，学习者的前概念，即在没有学习"公共危机管理"之前，他们面对公共危机的应对方法都会暴露出来。通过讨论和教师的指导，最后让学习者理解如何在尽可能让事件透明的基础上与媒体沟通，如何避免媒体曲解政府的本意。非批判性的文本资料策略与批判性的文本资料策略有所不同，教师给出的文本资料不需要直接批评学生的前科学概念，而是创建一个与前科学概念没有直接联系的新情境——未来可能遭遇的公共危机事件，与学生的已有知识发生交互，让学生对两者之间的异同点产生困惑，从而引发认知冲突，如在学习了福岛事件的公共危机处理不力的原因后，教师要求学生借鉴其中的教训，针对垃圾处理事件进行公共危机处理分析并与之前的结论相对比，从而引发认知冲突，最终得出正确结论。

(4) 合作学习。不同学生因为生活环境、认知水平等因素，形成的前科学概念也不尽相同。教师通过引导学生合作学习，在对话与讨论中呈现出不同的观点，让学生意识到自己的认识和他人之间是有差异的并产生怀疑，认知冲突也由此产生，如组织学生以小组为单位制作细胞模型，在合作交流中，不同的思想不断发生碰撞，最终得到一个大家认可的作品。通过对作品进行展示和点评，教师可以帮助学生建立起正确的细胞结构的概念。

在学生产生认知冲突之后，意识到自身的知识体系是有不足的，下一步就是要通过推理、解释、总结等活动解决认知冲突，对概念进行转变。教师在这个过程中可以使用类比、对比、模型、探究性实验等策略来帮助学生实现概念转变。

(1) 类比。生物学中常常涉及一些微观的、抽象的概念，学生无法直接观察或体验，而教师常用的方法就是借助某一与之相似的熟悉的事物或现象，进行比拟，帮助学生理解新概念。类比就是对于两个不同领域的知识系统，利用彼此间的某种相似关系，由熟悉的知识系统推演至不熟悉的知识系统，从而获得知识的过程，如用城市里钢筋混凝土的高楼大厦与农村的茅草屋来类比生态系统的抵抗力稳定性与恢复力稳定性。高楼大厦构成成分多，结构复杂，地震来临不容易倒塌，但是一旦倒塌，重建就需要很长时间；茅草屋构成成分少，结构简单，地震来临容易倒塌，但是倒塌后短时间就可以重新搭建好。通过将抽象的概念比拟成具体的事物来帮助学生理解两种稳定性强弱的关系。

(2) 对比。学生很容易混淆一些表面上看上去似乎一样的事物或现象，造成张冠李戴的错误认识，通过对它们的属性以及本质的对比，让学生深刻认识到它们之间的区别，从而形成正确的认知，如通过对比过氧化氢酶与氯化铁催化过氧化氢分解的效果以及两者的化学本质，让学生明白酶是有机催化剂，催化效率远远大于无机催化剂这一知识点。

(3) 模型。普通高中课程标准实验教科书《分子与细胞》中对模型给出明确的定义：模型是人们为了某种特定目的而对认识对象所做的一种简化的描述，这种描述可以是定性的，也可以是定量的；有的借助于具体的、直观的实物或其他形象化的手段，有的则通过抽象的形式来表达。模型是帮助学生理解抽象事物、分析机制原理、化简复杂现象的常用手段，高中阶段的模型主要包括物理模型、数学模型、概念模型和理论模型四种。构建模型既是高中生物学重要的课程内容，也是学生需要养成的重要生物科学素养，如在学习生物膜的流动镶嵌模型时，因为是微观的事物，可组织学生使用黏土动手制作一个模型，转化为宏观的事物，再通过对模型的点评、指正，帮助学生正确认识生物膜的组成结构。

(4) 探究性实验。通过实验探究，让学生体验或经历日常生活中接触不到的科学现象或科学观念，弥补有时仅靠教师的讲解而无法达到目的的不足。学生在这个过程中对所学概念会有更感性的认识，更易于概念的转变，如在学习植物胚芽鞘具有向光生长的特性之后，让学生继续判断植物的根是否也有向光性来引发认知冲突。通过生长发育正常的大豆幼苗、不透光的纸盒、光源等实验材料,设置对照试验进行探究,来帮助学生解决认知冲突,形成正确概念。

对于概念状态的操作性指标,目前已经形成一套诊断学习者概念状态的工具,为概念转变研究引入了新的方法和思路。研究者可以通过观察、访谈或问卷调查的形式获取有关信息,诊断学生概念所处的状态。以学习者学习生物学的基因概念为例,新概念处于可理解性状态,指能够运用"类比或比喻"、"图画"、"举例"或"言语符号"等多种形式和谐地表征新概念,比如,学习者采用文字或图画的形式表征基因概念。合理性状态,指能够将新概念纳入自己的认知结构。新概念是"似是而非""使人信服"的,与实验观察的数据、过去经验、自身的本体论和认识论,以及其他知识具有良好的一致性,当新概念从"可理解性"至"有效性"状态不断上升,原有概念从"有效性"至"可理解性"状态逐步下降时,学习者的概念就发生了转变。

但是,过于强调认知因素而忽略学习者动机的、情感缺失的概念转变理论只能解释来自实验室的研究结论,不足以阐释真实课堂中发生的概念转变。在科学课堂上,学生的学习与科学家的探究是有差别的。科学家的探究以目标为导向,而学生的学习可能是盲目的,当学生不具有掌握取向的动机时,很难对原有概念产生不满并看到新概念的可理解性和合理性。由此,美国密执安大学的宾特里奇提出要超越无情感的概念转变,将学习者的动机与课堂情境因素纳入概念转变的研究中,动机因素包含目标、价值、自我效能感和控制信念,在概念转变中是潜在的中介变量;课堂情境因素包含任务结构、课堂权威和评价方式,在动机与概念转变之间起调节作用。2003年,宾特里奇等人进一步提出"有目标的概念转变"(intentional conceptual change),其特征为:以概念转变为导向,包含学习者的元认知意识与监控、内部动机、意志控制和自我调节等非智力因素的参与。[1]

---

[1] PINTRICH P R. A motivational science perspective on the role of student motivation in learning and teaching contexts [J]. Journal of Educational Psychology, 2003, 95 (4): 667-686.

卡斯威尔（Caswell）等人的研究发现，学生最初的兴趣水平、知识经验对电流概念转变中的性能差异具有调节作用。[1] 沃斯尼阿多等人对课堂情境影响概念转变加以研究，他们发现，课堂中，认知任务以问题为导向，教师鼓励学生主动控制学习积极做出预测并检验假设，师生交流民主平等，学生敢于表达和争辩，提倡小组合作，评价以促进发展为宗旨，概念转变就有可能发生。[2]

澳大利亚学者崔格斯特（Treagust）等人提出"多维课堂概念转变框架"，试图对主流的概念转变理论加以整合。多维课堂概念转变框架包含认识论、本体论和社会（情感）三个维度，每个维度构成三角形的一条边，三个维度相互交叉。为了检验该概念转变理论框架，崔格斯特等人对澳大利亚高一学生在生物课堂中学习基因概念的过程加以研究，收集了课堂教学实录、教学中学生的学习单、教学前后考查学生概念理解的开放问卷以及教学后部分学生的访谈录音等多项数据发现，无论是认识论、本体论还是社会（情感）因素，单维度的理论均无法完满地解释课堂中发生的概念转变。他们从不同角度部分地解释了课堂中的概念转变。从本体论的角度，教学前学生倾向于将基因归入"物质"类别，教学后学生将基因归入"物质"类别的比例从70%下降到44%，归入"过程"类别的比例从11%增加到47%；从认识论的角度，教学后不同的学生对基因概念的掌握达到不同的状态，少部分学生能运用基因概念解决问题达到了有效性状态，另一些学生则只能达到合理性状态；从社会（情感）的角度，由于与自身密切相关，学生对基因概念的学习具有积极的态度，但教师布置的认知任务没能促进学生对基因概念的掌握达到有效性状态，这为多维课堂概

---

[1] CASWELL T, HENSON S, JENSEN M, et al. Open content and open educational resources: Enabling universal education [J]. International Review of Research in Open and Distance Learning, 2008, 9 (1): 5-15.

[2] VOSNIADON S, IOANNIDES. From conceptual development to science education: a psychological point of view [J]. International Journal of Science Education, 1998, 20 (10): 1213-1230.

念转变框架提供了实证依据。❶

研究者在对概念转变策略展开研究的过程中提出了转变的途径。德国学者杜伊特（Duit）等人在1994年就提出，概念转变可分为连续和不连续两种途径。在学生已有的概念结构上进行转变，无须重建新概念，也包括两种情况：一种情况是当新问题或概念与科学概念一致时，教师通过类比推理其中的部分内容，帮助学生理解即可，无须每次都从头开始构建新概念；另一种情况是当学生的认识与科学概念稍有偏差时，教师在学生前科学概念的基础上对概念重新解释，解释过程既不用重构概念，也不必直接否定学生的认识，例如，学生认为激素都是蛋白质类的物质，教师只需列举出性激素、肾上腺素等相关材料，就能让学生明白，部分激素是蛋白质类的，部分是其他类别的。

当学生的前科学概念与科学概念差异较大甚至是相悖时，需要教师对学生的概念结构进行重新构建。其转变的关键是通过反例、特例等策略引发学生的认知冲突，让学生的认知结构发生不平衡，再通过同化与顺应，解决认知冲突，重获平衡，并构建起新的概念结构。❷

研究者们对概念转变的程度也提出了不同的划分方法，例如，有的学者提出将概念转变分为"基本"和"标准"两类；戴克斯特拉（Dykstra）依据同化和顺应的理论，提出概念转变分为"差别""扩展""重构"三种；萨伽德（Thagard）提出概念转变分为"增加新例""增加弱规则""增加强规则"等九种程度；泰森（Tyson）提出概念转变包括"丰富""强重构""弱重构"三种类型。通过对概念转变的途径与程度的研究可知，学生前科学概念与科学概念之间的差异与特点，决定了概念转变的途径与程度，也是教师选择适合概念转变策略的重要依据。

概念转变教学过程就是让学习者的旧知识体系和新知识体系发生交互

---

❶ TREGUEST D. The Role of Multiple Representations in Learning Science：Enhancing Students' Conceptual Understanding and Motivation [M] // LEE Y J, TAN A L. Science Education at the Nexus of Theory and Practice. Rotterdom：Sense Publisher, 2008：207-215.

❷ DUIT R. Bibliography：Students' and Teachers' Conceptions and Science Education [M]. Kiel, Germany：University of Kiel, 2009.

作用，对前科学概念进行"修正"，对知识体系进行改造的过程。简单来说，就是一个引发学生认知冲突和引导学生解决认知冲突的过程，一般认为包括三个阶段：探知学生的前科学概念、引发认知冲突、解决认知冲突。

不少学者在教学实践中不断探索，并逐渐形成了具有可操作性的教学模式，其中常用的有以下四种。

（1）NN 三步教学模式。

密歇根大学的纳斯鲍姆（Nussbaum）和诺维克（Novick）提出了三步教学模式（以两人名字的首字母为名，即 NN 三步教学模式），这一模式需要教师提前获知学习者的前科学概念情况，再来进行转变，包括三个环节：①通过问卷调查、访谈等探知和分析学生脑海中已经存在的前科学概念。②设置情境，在讨论、对话中引入新观点，使学生产生认知冲突。③合作学习，评价新观点，形成新的科学概念。

（2）DO 五步教学模式。

德瑞夫（Driver）和欧德（Oldham）提出了建构主义的五步教学模式（同样以二人名字中首字母命名，即 DO 五步教学模式），他们认为教师在进行新概念的教授时，应该要考虑三种因素：第一，学生在学习新概念前对所学内容已经存在的看法是什么；第二，采用什么方法可以调动学生积极主动学习新概念；第三，学生如何学习能够让前科学概念发生转变。❶具体教学过程为：①划定方向。教师首先创设问题情境，激发学生学习兴趣，帮助学生确定探讨方向。②引出学生的想法。通过讨论或学生活动，暴露其存在的前科学概念。③新概念的重建。这是教学过程的重点，可分为两步：A. 沟通与质疑。通过小组讨论、合作探究，对比彼此概念的不同引发认知冲突，再通过教师的补充与评价，进行同化或顺应。B. 建构新概念。通过学习与讨论，学生建立起新的概念图式。④新概念的运用。教师给出新的情境，让学生重复验证新概念，最终得以强化巩固新概念。⑤回

---

❶ DRIVER R, OLDHAM V. A constructivist approach to curriculum development in science [J]. Studies in Science Education, 1986 (13)：105–122.

顾概念的改变。让学生撰写学习心得或者小论文等，回顾原有概念和前科学概念的发展和转变的心路历程。

（3）OF 四阶段教学模式。

奥斯本（Osborn）和费雷柏（Freyberg）经过大量教学实践之后，提出了概念转变的四阶段教学模式（以两位创立者名字的首字母命名为 OF 四阶段教学模式）。此教学模式也把学生的前科学概念的探知放在第一步，通过具体的教学过程来帮助学生转变前科学概念，具体过程包括四个阶段：①准备阶段。教师先调查、分析学生的前科学概念水平，并进行分类，找出其相关科学上的观点。②聚集阶段。教师创设具体情境，提出开放式问题，引导学生运用已有的概念去思考，并发现新问题，教师对新问题进行解释。③挑战阶段。小组讨论，让学生相互交换观点，讨论要尽量开放式地进行，学生在听取其他同学的观点的同时，寻找理论证据来辨别不同观点的正确与否，并将其与科学家的观点进行比较。④应用阶段。教师参与讨论，帮助学生分析错误观点，协助解答有争议的问题，学生则利用获得的观点作为解决问题的基础，加以巩固应用，并最终形成科学概念。

（4）5E 学习教学模式。

20 世纪 80 年代，美国生物科学课程研究小组在中小学科学课程中推出了 5E 学习教学模式，其教学过程为：①投入（Engagement）。教师引导学生参与学习活动，帮助其回顾、归纳已有的知识经验。②探讨（Exploration）。学生在原有的经验基础上，通过活动进行探讨、澄清主要的概念。③解释（Explanation）。学生解释其新概念的学习过程，教师协调和点评学生对新概念的理解和判断。④详述（Elaboration）。教师提供机会，鼓励学生应用所学的新概念，使学生对新概念的内涵有更深入的理解。⑤评价（Evaluation）。学生对概念的理解程度进行自我评价，同时教师对学生是否达到教学目标的要求进行评价与检查。

上述四种概念转变教学策略或模式，在进行概念转变的教学过程中，侧重点略有不同，但是都强调教师在教授新概念时，应关注学生已有的知识经验。其中，DO 五步教学模式和 5E 学习教学模式突出了在教学中的引发认知冲突以及通过解决认知冲突来形成新的概念，而 NN 三步教学模式和 OF 四阶段教学模式则强调教学应建立在学生的前科学概念基础上发展学生的新概念。

以上列出的几种教学策略所适用的问题情境和学生情况各有不同，在使用过程中教师需要灵活选择。同时，引发认知冲突的策略和解决认知冲突的策略在实际运用中其实并没有严格的规定与限制，在特定的情况或情境下，两者也可以互换使用。

三、元认知与慕课教学设计

关于元认知的结构有很多表述，但核心思想是一致的。元认知这一概念的最初提出者弗拉威尔（Flavell）认为，元认知应该包括"元认知知识""元认知体验"两个部分。❶ 而布朗（Brown）等人在讲述元认知结构时提出，元认知应该包括"关于认知的知识"和"认知调节"两部分。❷ 国外有关学者则在此基础上丰富了元认知的内容。本研究综合了国外相关的研究，将元认知的结构分成三个部分：元认知知识、元认知体验、元认知监控。

（一）元认知知识

元认知知识是指认知个体所具有的通过经验积累起来的有关认知的一般性知识。一般来说包括关于认知主体、任务、策略的知识。我们可以对此进行更详细的阐释与理解。

1. 关于认知主体的知识

认知主体的知识即关于人的知识，可以是对自己的知识，也可以是对

---

❶ FLAVELL J. Metacognition and cognitive monitoring: a new area of cognitive – developmental inquiry [J]. American Psychologist, 1979, 34 (10): 906–911.

❷ BRAUN V, CLARKE V. Using thematic analysis in psychology [J]. Qualitative Research in Psychology, 2006, 3 (2): 77–101.

他人的知识，是个体作为一个认知加工者的特征等的所有知识。可以分为对于个体自身的差异的认识（如你知道自己的文科学习能力要比理科能力强）、对于个体之间的差异的认识（如你知道你的数学代数题的解题能力居于你们班级中等以上的水平或是你知道你的数学成绩好，但 A 同学的语文成绩好）以及关于主体认知水平和影响认知活动的因素的认识（如当你做一张数学试卷的时候，你知道预留适当的时间进行检查验证会让你的数学试卷得分更高）。

2. 关于认知任务的知识

认知任务的知识即认知主体对于认知任务或材料中的各类有关信息的知识，如主体能够认识到：认知活动的目的、要求是不同的，能够认识到认知材料的诸多信息和要素也是不同的。

3. 关于认知策略的知识

认知策略的知识指认知主体对于认知过程中可能会使用到的策略的知识以及何时使用何种策略等的知识，如学生在解决数学问题的时候，作为一个学习主体能够知道解决这个数学问题会有哪些策略，针对这个数学问题，应该如何去选取合适的解题策略，如果没法解决是否有其他有效的解题策略，等等。

（二）元认知体验

元认知体验是认知主体伴随着认知活动产生的一种体验。举个简单的例子来说，某个学生在学习数学知识时能够轻松掌握，那么他会产生愉悦的体验；但是当他在解决数学问题的过程中找不到解决的办法时，他可能会产生沮丧或者烦躁的体验。元认知体验可能发生在一个认知活动过程前期、中期或后期，它可以是"知"的体验，也可以是"不知"的体验。一般来说，元认知体验给人们提供许多能思考和体验的机会。

(三) 元认知监控

元认知监控是指认知主体将自己的认知活动作为认知对象，对其监控、调节、调整和改进，主要包括四个部分：①制订计划，即根据目标进行计划、预计结果、选择策略；②实施控制，即在实施过程中监控、反馈、改进等；③检查结果，即评价认知行为和策略的水平和效果；④补救措施，即根据所做的认知结果来进行进一步的调整与改进。

在实际认知活动中，这三者存在相互作用的关系，元认知知识能对认知主体在实际认知活动中的元认知监控起到指导性的作用，并且能够引起认知主体对于自身、任务等的元认知体验。而元认知体验可以帮助人们修改、完善、发展元认知知识，并且能有效推动人们去更正新目标、调整应对策略等。简单来说，元认知知识、元认知体验以及元认知监控三者之间存在相互作用的关系，彼此密不可分、互相促成、互相影响、互相制约，三者的有机组合形成了元认知这样一个整体。

四、知识内化、元认知与学习成效的关系

本研究团队的实证研究发现，学生虽有机会接触网络，但如果在相关的学习过程中，没有引导如何开展在线学习、交流和搜索信息等策略，就容易在不熟悉的网络文本结构中迷失。尤其是在学习过程中，多数中国学生经历的是缺乏网络学习引导的初中、高中学习环境。与多数欧美国家不同的是，中国的学校环境和家庭环境把上网学习想当然地认为是学生"耽误功课"的表现，是"非学习"的过程。多数学生在进入大学学习之前，其网络学习的经验往往只能通过同伴学习或者自我摸索进行。而进入大学之后，本科教学以及研究生教学都没有在课程设计中设立网络学习的内容。多数教师认为学生已经到了本科学习阶段，"自然"已经掌握了相关的网络学习的技能和方法。但是，多数中国高校的教师缺乏这样的意识：学生来源于不同经济发展水平的地区，每个个体学习者的网络学习经验差异非常大。如果一些学习者在知识分享（搜索）过程中没有进行分享和搜

索经验，学习者会迷失于网海中，徒然浪费许多的时间。换言之，学习者在网络进行信息搜寻或讨论学习时，必须自己承担起学习责任，且需要更多的自我调整与元认知策略。

本研究团队通过实证研究（见本节的内容）认为，知识内化在元认知执行中扮演指导行动的角色，当个体通过互联网开启知识之窗接触信息时，需要运用知识内化与元认知的判断，才能产生知识建构的力量。成熟的知识内化过程与元认知间呈正向相关，有较好的元认知的学习者会察觉到科学知识的暂存性；不成熟的知识内化过程则会反向地影响元认知，如知识确定与元认知之间呈现负向相关，知识简单化与能力较低的学习者也会负向影响学习者的元认知，导致个体的元认知能力呈现较弱状态。如果学习者所持的知识内化是简单而固定的，则不建议在学习过程中向学生强调采用元认知策略。这一点在中国学生的个体学习经历中都可以了解。老师强调"元认知"（尽管中国的教师通常会用"学习方法"这一词来替代"元认知"这个学术名词）基本上是在初中和高中阶段。有意思的是，进入大学以后，中国学生很少在学习过程中听到大学的教师提及"元认知"的概念。

通常本科的课程中较少涉及学习方法，直到研究生阶段，在一些知名的大学中，通过"读书会""项目组"这种师生之间更进一步的学习，才凸显出"元认知"的概念。这一学习过程中，教师对学生的培养更偏向促进其发展成为成熟的知识内化者，因此对学生的理解能力，问题解决能力，坚持、反思判断力等与学习动机上特别强调，较常应用深层的学习策略，对所得信息的判断与评估能力也逐步提高。

本研究团队以职前教师为对象的研究发现，持知识确定观点或认为知识源于权威的学习者，在学习过程中进行网络搜寻时使用的关键词较少，网络搜寻过程简略、机械而不彻底，会寻求知识权威的信息来源；而认为知识是不断变化的过程，同时辩证理解知识内化的学习者，则能自发地使用网络分享过程中的自我监控与调整策略，并通过多元的路径进行反复搜寻，以深入反思判断信息，而且会比对自己的学习经验或专家的看法，寻求客观证据的支持。据此，本研究归结理论与实证研究结果而形成一个推论：个体进行慕课学习时，持不成熟知识内化者，较少使用元认知的策略。

学习者的知识内化会明显影响学生的学业表现，知识信念与学生学习取向、学业表现息息相关。人们所持的"知识内化会影响认知过程中判断正确性"的不同观点，导致个体对证据产生不同的处理与诠释。美国威斯康星州立大学威特立（Whitley）的研究发现，不同观点知识内化对学习成效有所影响，持相对主义知识观点的个体在开放的在线环境下有较好的学习表现；而持权威与二元知识观点的学习者则在较封闭的在线环境中表现较佳。他们进行在线学习的研究亦发现，在线互动行为会影响学习成效，而建构学习行为特质愈好的学习者，其对领域内知识的学习亦愈佳。[1] 斯滕伯格（Sternberg）以中学生及大学生为对象进行了一系列探讨知识内化与学习变项的相关研究，结果均发现知识内化会影响学生在面对困难作业时完成作业的持续力与排除干扰的行动，进而影响学习成就。[2] 本研究据此推论，个体在进行慕课学习时，越是具有成熟的知识内化能力的学习者，其学习成效越佳。

此外，元认知能力的养成有助于提升学习成效。威格（Wigg）等人的相关实证研究的结果亦证实，有较佳元认知的学习者倾向进行有意义的学习，并能获得较佳的学业成绩。[3] 其他的相关研究采取对元认知相关文献分析的方法，分析了179篇有关于学习成就的文献后，发现在28个影响学生成绩的因素中，元认知是影响学生学习成效最重要的能力。他们从学习策略的观点进行了探究，发现学习成效不佳的学习者，往往是因为无法利用元认知能力辨识出有意义的且重要的内容加以记忆。

对于元认知的领域特定性方面，沃尔特斯（Wolters）等学者已有研

---

[1] WHITLEY R. Varieties of knowledge and their use in business and management studies: Conditions and institutions [J]. Organization Studies, 2008, 29 (4): 581–609.

[2] STERNBERG R J. Cognitive Theory [M]. 3rd ed. Belmont Thomson Wadsworth, 2003.

[3] WIIG K M, HOOG R, SPEX R. Supporting knowledge management: A selection of methods and techniques [J]. Expert Systems with Applications, 1997, 13 (1): 15–27.

究,在学习成效的评量上,选定大学生跨领域必修的心理学。[1] 而以往研究在评估学习成效时,多采用学习成就测验推估学习者的学习成效,然而成就测验较无法测得学生高层次思考的能力,也将忽略学习历程的检视。兼顾慕课学习时学习成效的过程与结果两个方向:主观衡量自己对学习的满意程度,及以客观方式衡量学生学习表现,是值得思考的做法。而在学生学习成效的内涵方面,布鲁姆(Bloom)等人在1956年提出教育目标分类(A taxonomy of educational objectives),是目前学界在学习、教学与评量等领域中最具共识与影响力的教育目标分类系统。布鲁姆主要将认知领域区分为六个层次:"记忆、理解、应用、分析、综合、评鉴",而安德森(Anderson)等人则于2001年修正为"记忆、了解、应用、分析、评鉴、创新"六个层次。其中记忆是指辨认、提取及回忆长期记忆中储存的知识;了解是指从信息中建构意义,建立新知识与旧经验的链接;应用是指在新情境或问题中使用习得的概念或程序来执行作业或解决问题;分析是指将概念拆解成许多部分,指出局部之间与对整体结构的关联;评鉴是指根据规则和标准作检核、批评与判断;创新则是将各个元素组装在一起,形成一个完整且具功能的新事物。

综上所述,学习内涵不仅能明确评量出学生的认知学习,还能区辨认知学习的深度,是最能体现认知学习成效的指标。因此依据安德森等人所修订的布鲁姆分类架构向度[即改进后的布鲁姆修订分类(Bloom's revised taxonomy)],从认知历程与结果观点区分学习表现的六层次:记忆、了解、应用、分析、评鉴、创新,作为学习成效的指标。选定修习过心理学相关课程(包括普通心理学、教育心理学、发展心理学等相关课程)的学生为对象,进行学习成效的实证调查。据此,本课题组以心理学慕课学习为范围,根据以上理论及实证研究结果,推论元认知会正向预测学习成效。

由文献评阅发现,北欧的研究者针对学习者不成熟的知识内化会负向影响元认知与学习成就已经有了积累,而元认知是否能够正向影响学习成

---

[1] WOLTERS C A, PINTRICH P R. Contextual differences in student motivation and self-regulated learning in mathematics, English, and social studies classrooms [J]. Instructional Science, 1998, (26): 27-47.

就的研究还不多见（如北欧的 Strømsø[1]）。如前章所提及的美国密执安大学的霍芬和宾特里奇认为，元认知是知识内化与学习成就之间的中介变项，他们的实证研究结果也支持此论点，其研究结果发现，学生不成熟的知识内化对元认知具有负向影响力，而元认知对学业表现具有正向影响力。因此，元认知在知识内化与学业表现间扮演中介的角色。[2] 据此，本研究推论，慕课学习时，元认知在知识内化与学习成效间扮演中介的角色。

归结而言，依据文献探讨及实证研究的结果，知识内化会影响元认知及学习成就，元认知亦会影响学习成就，而元认知可能是知识内化与学习成就之间的中介，但目前尚缺少实证研究。为弥补此一研究缺口，本研究拟建构知识内化元认知学习成就模式，并搜集实证资料加以验证。本研究的研究假设如下：

（1）慕课学习时，知识内化会负向影响元认知；

（2）慕课学习时，知识内化会负向影响学习成就；

（3）慕课学习时，元认知会正向影响学习成就；

（4）慕课学习时，元认知是知识内化与学习成就之间的中介变项。

五、研究方法和研究过程

本研究以北京市一所 211 高等院校的本科生必修课和研究生选修课"教学理论与实践"为个案。受新冠肺炎疫情影响，原本正常线下开设的课程改由通过同名称、同教学内容的慕课在春季学期中使用。该课程被多个年级使用，也由于其异步在线讨论系统可以支持群体与个人的讨论，能够配合课程上的安排，选课学生较多。本研究进一步试图了解在此类替代

---

[1] STRØMSØ H I, BRÅTEN I. The role of personal epistemology in the self-regulation of internet-based learning [J]. Mecoginition Learning, 2010 (5): 91-111.

[2] HOFER B K, PINTRICH P R. The development of epistemological theories: beliefs about knowledge and knowing and their relation to learning [J]. Review of Educational Research, 1997 (67): 88-140.

课堂教学的慕课学习过程中,不同年级、不同性别的学生在知识内化的多个维度中是否有差别。

本研究参考了挪威奥斯陆大学斯托姆索和布雷顿等有关网络学习环境下成人学习者知识内化过程的问卷(Questionnaire on Knowledge Internalization),也参考了笔者以往的类似研究。研究重点关注慕课学习者在学习目标、学习过程、知识结构化、学习策略和知识迁移五个方面的维度,编制本研究所使用的知识内化检验量表。本问卷调查使用里克特五点量表,对量表中每一题目均给出表示态度积极程度等级的5种备选评价(如"非常不符合""部分不符合""不确定""有些符合""完全符合",并用1~5分别为答案计分)。量表主要用来测量受试者在选修"教学理论与实践"这一门比较典型的在线学习课程时,是否能够同样使用传统课堂学习中强调的知识内化策略。

由于研究者设计的问卷题目借鉴了国外相关的知识内化特征,为更好地调查我国高校学生疫情期间在慕课学习过程中是否体现出了上述特征,研究者分析了问卷中涉及知识内化分析框架的变量类型。使用SPSS21.0对问卷数据进行因子分析,用来确认知识内化的主要维度中那些影响知识内化学习行为的潜在变量。探索性因子分析的 KMO 值为 0.827,Bartlett 值为 1087.754,P 值为 0.000,输出的 5 个因子解释 20 个变量的累积百分比是 67.451%。研究者因此将 5 个因子分别命名为"学习目标""学习过程""知识结构化""学习策略"与"知识迁移",并将原始问卷中其他的相关因素合并为"学习策略"和"知识迁移"两部分。合并后的问卷测试 t 值全部显著(P 值小于 0.05),表明在借鉴国外相关理论基础上形成的"知识内化角度理解高校学生慕课学习过程调查问卷"所设计的 20 道问卷调查题目均具有较好的鉴别度,所有题目都能鉴别不同受访者在学习过程中体现出来的知识内化特征。由此,知识内化的特征体现在了五个与学习过程相关的因子上,即学习目标、学习过程、知识结构化、学习策略和知识迁移(见表5-1)。

表 5-1　知识内化角度理解高校学生慕课学习过程调查问卷

影响因子	了解变量
学习目标 ①学习者的学习目标明确； ②对课程内容的了解和学习的要求清楚 （Lane and Kinser, 2012）	1）了解自己在慕课中的需要（A1）； 2）提高了解慕课课程中的重点和难点（A2）； 3）知道学习的兴趣点（A3）； 4）（反向）授课者的情况（A4）； 5）（反向）希望向同伴显示（A5）
学习过程（在慕课学习过程中主动采用批判和分享的方式进行学习）	6）即时与同伴进行反思式学习（B1）； 7）在学习平台上能够以批判、讨论等方式，形成概念或提升对问题的认识（B2）； 8）主动通过学习平台进一步获得相关学习资料（B3）； 9）通过与网络上其他学习者的交流，主动发现慕课中未能解决的问题（B4）
知识结构化（Strømsø and Bråten, 2010）	10）了解慕课知识的整体结构（C1）； 11）了解学习过程提炼知识的关键特征（C2）； 12）本次慕课学习完成后，能够总结典型的例证（C3）
学习策略（Vardi, 2015))	13）在学习的过程中能够了解进度（D1）； 14）能够在学习过程中了解学习方法的适用（D2）； 15）学习过程中能够注意收集无法解决的问题（D3）
知识迁移（DeStefano and LeFevre, 2007）	16）将慕课中所学内容与教学实践联系思考（E1）； 17）发现教学过程中出现的问题，与慕课内容进行对照（E2）； 18）尝试在教学或者实习中运用慕课中的内容（E4）； 19）能以慕课平台上的内容判断其他学习者的观点（E5）； 20）对不同慕课平台上同主题课程内容进行初步了解（E6）

由于疫情期间样本采集有一定的难度，本研究在"问卷星"的网络平台上共发放问卷 112 份，收到反馈 86 份，依据反向计分题目以及全部题目

的作答一致性等条件对比分析,对问卷进行筛选,最终得到有效问卷 79 份,总问卷的有效率为 70.5%。运用 SPSS21.0 和 Amos17.0 软件对问卷中的有效数据进行统计分析,以便检验表中系数是否存在内部一致性,结果见表 5-2。

表 5-2 问卷部分各因子可靠性量表

学习目标		学习过程		知识结构		学习策略		知识迁移		总量表	
Cronbach's Alpha	项数	Cronbach's Alpha	项数	Cronbach's Alpha	项数	Cronbach's Alpha	项数	Cronbach's Alpha	项数	Cronbach's Alpha	项数
0.897	5	0.886	4	0.772	3	0.783	3	0.858	5	0.902	20

以上包括问卷调查中有关学习过程、知识结构等 5 个因子在内的 Alpha 系数全高于 0.77,此外,总量表的 Alpha 系数高于 0.7,代表此问卷调查的可信度符合要求。因此,调查问卷通过了检验(见表 5-3)。

表 5-3 问卷部分内容的检验结果(以因子 A "学习目标"和因子 C "知识结构化"为例)

因子	教师有效教学特征问卷内容	临界比值(CR 值)	与总分相关性	Cronbach's Alpha 值
A. 学习目标	A1. 选择该慕课前,我知道自己的学习目标	6.57	0.55	0.832
	A2. 我在开始慕课学习前,已经在课程介绍中了解了该门慕课的课程重点和难点	7.74	0.60	0.922
	A3. 我清楚选择这门慕课的主要兴趣点	6.71	0.57	0.914
	A4. 我好奇讲授这门课的主讲者形象	7.78	0.66	0.702
	A5. 我更关注获得的慕课学习证书	6.28	0.55	0.787
C. 知识结构化	C1. 完成慕课的学习后,我能整体上掌握所学知识的结构	7.14	0.60	0.913
	C2. 我能够在学习完成后,提炼出所学知识的关键特征	6.92	0.60	0.872
	C3. 在学习过程中,我能够分析对应的典型例证	7.58	0.69	0.712

不同年级的高校学生(样本覆盖了本科二年级和研究生院一年级的学生)在五个维度中,除了"知识迁移"方面达到显著差异,整体上未达到差异($t=0.69$,$P>0.05$);就各个因子而言,不同年级的高校学生在

"学习目标"、"学习过程"、"知识结构"和"学习策略"四个方面的 F 值（分别为 0.43、1.32、0.93、0.19，$P>0.05$）等都未达到显著。这表明，本科学生和研究生一年级学生在知识内化方面差别并不大。这一分析的结果可以理解为，本科阶段的学生在慕课学习开始之前，并没有充分利用网络资料进行相关课程学习的经历。尤其是在主动分享方面，F 值比较大，说明在这一维度上，包括研究生在内，在慕课学习过程中，缺乏在反思性学习、质疑和批判性学习过程中应该运用的环节。

不同学科背景（理科背景和文科背景）的学生在慕课学习过程中在整体上有明显差异（$t=2.69$，$P<0.05$）。来自文科和理科背景的高校学生在"学习过程"（$t=2.73$，$P<0.05$）、"学习策略"（$t=2.88$，$P<0.05$）两个方面差异最为明显。通过方差分析，上述不同学科背景的学生在"学习过程""学习策略"上的方差值分别为 6.4% 和 8.7%，表示不同学科背景的学生在这两个层面的显著差异达到明显相关。比起理科学生，文科学生在学习过程中更能够提出质疑、批判和反思慕课的内容；相对而言，理科学生对于教学理论这一以理论阐释、案例补充的课程来说，较少地运用反思、批判、对比等方式进行学习。这与理科学生在课堂环境中的学习是趋近的。这也说明本研究提供的个案，高校学生在慕课学习方面并没有摆脱课堂教学的基本特征。与课堂教学相比，慕课学习的差异在于在网络的分享，可以更好地促进学生做反思学习、批判学习，但这一特征还未在高校学生身上体现出来，特别是理科学生需要在这一方面进一步提高。

在慕课学习过程中不同性别（高校的男生与女生）的学生在知识内化维度上并未有显著差异，在各因子上也仅仅是"知识迁移"部分接近差异（$F=1.05$，$P<0.05$）。这种差异体现在师范类学校中，女生对教育实践的关注更多一些。

关于结构方程模型的分析。结构方程模型是一种理解概念之间关系的统计方法。通过整合因子分析、路径分析和多重线性回归分析，加强对问题的深入探索和理解，潜在变量之间的关系正是可以通过结构方程模型求出。在本研究中，作为潜在变量的五个影响因子并不是无法直接测量的。通过对测试问卷的分析，获得了有效课堂教学五个影响因子及对应的潜在变量，但是这些变量与因子之间的关系又如何呢？哪些因子的作用更为突出？

本研究使用主成分分析，直接用观察变量的线性组合的数值，形成一个综合变量。通过最大方差正交旋转后获得的 20 个因素分析累计解释变异量为 54.273%，各题在所属的因素构面中，因素负荷量皆大于 0.5，同时在其他因素构面中则皆小于 0.5，由此将慕课学习过程中的知识内化分成五个具有建构效度的构面。表 5-4 即为模型检验与拟合优度的结果。

表 5-4 有效课堂教学框架模式适合度结果

指标	x^2	df	x^2/df	P	GFI	IFI	NFI	CFI	$RMSEA$
知识内化	422.313	142	2.974	0.000	0.873	0.898	0.852	0.897	0.070

表 5-4 中数据显示，卡方对应的 P 值具有统计显著性，卡方与自由度之比大于 2（即 $x^2/df=2.974$）。此外，CFI、IFI、NFI 的值均接近于 0.9，$RMSEA$ 值小于 0.080，这几个指标符合模型检验与拟合优度的要求，反映了模型的拟合效果较好。为得到更理想的模型，研究者对模型进行修正，得到如图 5-2 所示的修正模型（图中 d_1、d_2、d_3、d_4 表示影响因子）。

（1）潜在变量之间的关系分析。

潜在变量间的系数表示某一变量的变动引起其他变量变动的程度。如图 5-2 中，"学习目标"与"知识结构化"因子之间的回归系数为 0.78，表明慕课学习设计中，学习目标的制定充分体现了知识结构化的特征。

（2）潜在变量与观测变量之间的关系分析。

A. 学习目标与观测变量之间的关系。从学习目标来看，"了解慕课中的需要"系数为 0.38，知道慕课的重点和难点（0.72），了解自己的兴趣点（0.72）等。以上说明高校学生在慕课学习开始后，在学习目标方面有较好的理解。这与慕课在网络上有较好的介绍分不开，也说明高校学生在学习目标了解上比较重视。

B. 学习过程与观测变量之间的关系。及时与同伴分享学习感受是学习过程中知识内化的重要体现（0.81），而立足分享的网络平台教学，利用平台交流、相互讨论对于慕课学习过程中知识内化具有重要意义。

C. 知识结构化与观测变量之间的关系。在了解整体知识结构、掌握知识的特征等方面，具有较大的系数（分别为：0.53、0.71）。

D. 知识迁移与观测变量之间的关系。发现前知识中的问题系数最大（0.83）。

E. 学习策略与观测变量之间的关系。及时对学习进行反思（0.79）、注意收集平台信息（0.64），说明二者对知识内化的因素有显著影响。

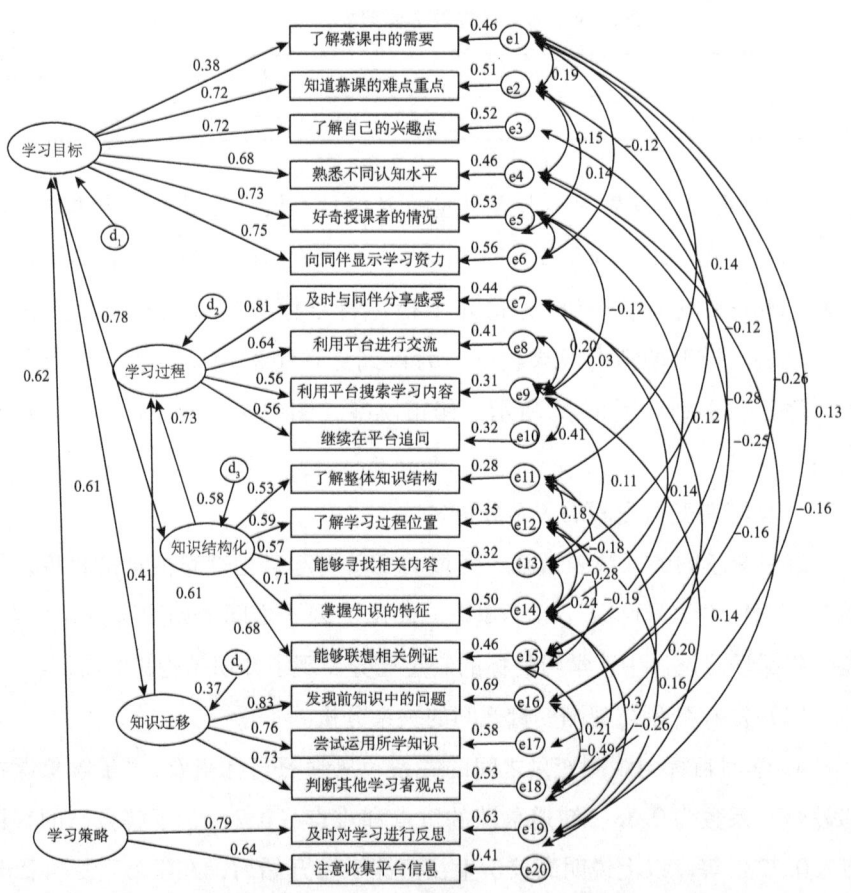

图 5－2　慕课学习过程中的知识内化模型

知识内化模型得到验证后，就可进行慕课学习的方法指导。慕课学习过程中的知识内化特征由三级指标构成，其中通过对高校学生完成反馈后形成的各个观测变量的结果,计算得出三级指标;上述模型中形成的影响因子指数作为二级指标;同时,按照各因子内单项指数相加再取简单算术平均数的原则,影响因子指数计算加权算术平均数即是慕课学习中的知识内化标准。根据平均数,研究者将有效课堂标准的框架编制成表(见表5-5)。

表5-5 慕课学习中的知识内化指标分析结果

一级指标	二级指标		三级指标		
总指数	影响因子指数	排序	单项指数	有效性判定	指数
65.19	学习目标 67.17	2	了解自己在慕课中的需要	弱 中 强	68
			了解慕课课程中的重点和难点	弱 中 强	62
			知道学习的兴趣点	弱 中 强	68
			为不同学生发展不同层次的教学目标	弱 中 强	68
	学习过程 68.25	1	形成知识概念的结构体系	弱 中 强	65
			能够使用不同教学策略	弱 中 强	67
			引导学生思维能力提升	弱 中 强	45
			教学内容联系学生生活	弱 中 强	64
			指导不同层次水平学生提高	弱 中 强	65
	知识迁移 63.20	3	提问环节充分有效	弱 中 强	67
			鼓励学生提出自己的见解	强 中 弱	66
			给予学生评价性反馈	弱 中 强	69
			良好班级管理	弱 中 强	70
			小组活动形式	弱 中 强	66
			师生、生生互动	弱 中 强	63
	知识结构化 62.50	4	发展元认知能力	弱 中 强	53
			多途径给予评价	弱 中 强	60
			鼓励不同层次学生发展	弱 中 强	56
	学习策略 61.28	5	与同事进行教学交流、探讨	弱 中 强	65
			及时对教学进行反思、总结	弱 中 强	70

本次研究得出的主要结论如下:

通过对所收集数据的结构模型进行分析发现,尽管慕课这一学习方式大力推动了高校学生在教师离场的状态下大规模投入远程在线学习,但是学生参加的讨论和分享过程,只是他们认知活动的表层行为,其后段的信息综合、推理、判断过程并不显著，而后段的活动才是决定认知结果的关键。参加慕课学习的学生如果不能在慕课学习的过程中完成知识的综合、分析、对比、迁移等一系列知识内化过程，慕课学习对高校学生知识学习能力的提升是十分有限的。本研究尚存不足：由于缺乏大范围内了解学生中期和长期课堂学习成效的工具，很难将学生的学习成效与慕课学习过程中的行为特征直接联系起来。当前的研究也只能将研究者与部分慕课的实践者可能存在的知识获取方式联系起来进行分析。

六、研究结果与讨论

（一）文献梳理

除了上述的实证研究，本研究团队还进一步对元认知系统进行了文献梳理。目前从全球范围来看，把慕课元认知框架的主题（问题）分为两大类，分别涉及学生个人和目标的元认知知识以及任务和策略的元认知知识，但是必须指出，这四种类型的元认知知识之间存在一定重叠之处。有关学生个人的知识指涉及自己、自己的信念、偏爱的学习风格和对他人的了解等方面的知识；有关目标的知识指对自己希望最终取得什么结果的了解；有关任务的知识指对不同任务难易度的了解；有关策略的知识指对能最有效地完成任务的策略的了解。德索特尔（Desautel，2009）认为，元认知可以被看作一个复杂的思考过程，这个过程能促使我们对自己有"细致入微的"了解。[1]

1. 有关自己个人的元认知知识

这个范畴包括慕课元认知框架的以下主题：性格、学习类型、灵活性、组织技能、自律、自我效能感和反身性思考。

---

[1] DESAUTEL D. Becoming a thinking thinker: metacognition, self-reflection, and classroom practice [J]. Teachers College Record, 2009, 111 (8): 1997-2020.

(1) 性格。

博奇等（Bocchi, Eastman and Owens – Swift, 2004）认为很多慕课潜在学习者并没有考虑自己的性格特点，而是只考虑课程的方便性、学习机会和灵活性等实际问题。❶ 希尔德和林奇（Sheard and Lynch, 2003）也认为学习者必须考虑自己的性格特点，并指出基于网络的学习不一定总是能够满足学习者学习风格和性格等方面的多样性。因此，根据自己的性格类型了解自己的优势和不足尤为重要。目前已经有多种性格类型测试工具，如麦尔斯－布瑞格斯性格类型（Myers – Briggs Type Indicator, MBTI）和大五人格量表（The Big Five）。麦尔斯－布瑞格斯性格类型是由凯瑟琳·库克·布瑞格斯（Katherine Cook Briggs）和伊莎贝尔·布瑞格斯·麦尔斯（Isabel Briggs Myer）在20世纪60年代根据卡尔·古斯塔夫·荣格（Carl Gustav Jung）的人格理论研发的工具。另一个被广为研究的性格测试工具是大五人格量表，也称为"OCEAN量表"。"O"代表"开放性"（Openness），"C"代表"尽心尽责"（Conscientiousness），"E"代表"外倾性"（Extroversion），"A"代表"宜人性"（Agreeableness），"N"代表"神经质"（Neuroticism）。❷ 慕课元认知框架针对性格类型的问题是：我是否做过可靠的性格类型测评，了解自己的强项，关注自己的不足？我真的知道和了解自己独特的性格吗？

(2) 学习类型。

罗伯茨（2019）发现慕课教学法能有助于她学习学科基础知识，但不一定能促进旨在培养批判性思维、推论和辩论技能的深层学习。慕课经常被批评对学习采取"行为主义"的方法。❸ 然而，一份关于南安普顿大学

---

❶ BOCCHI J, EASTMAN J, OWENS – SWIFT C. Retaining the online learner: Profile of students in an online MBA program and implications for teaching them [J]. Journal of Education for Business, 2004, 79 (4): 245 – 253.

❷ MCADAMS D P. Personal narratives and the life story [M] //JOHN O P, ROBINS R W, PERVIN LA. Handbook of personality: Theory and research. 3rd ed. New York: The Guilford Press, 2008: 242 – 262.

❸ KESIM M, ALTIMPULLUK H. A theoretical analysis of Mooc's types from a perspective of learning theories [J]. Procedia – Social and Behavioural Sciences, 2015, 186: 15 – 19.

（University of Southampton）学习者慕课体验的报告指出，学习者似乎更偏爱通过慕课的线性结构学习知识。❶ 他们指出 x 型慕课（xMOOCs）是建立在行为主义认识论的基础之上，本课题组则认为 c 型慕课（cMOOCs）侧重的是联通主义学习方法。慕课元认知框架针对学习类型的问题是：我更喜欢用线性行为主义方法获取信息和知识，还是更愿意采用需要参加讨论、与同学或老师等交互的社会建构主义方法？

（3）灵活性。

慕课的灵活性各异。有些慕课有严格的起始日期以及作业、测验和考试的截止日期。这一切都是不能随意变动的。如果学生错过一个截止日期，他们所学习的那一部分课程内容便不能获得分数。有些慕课则比较灵活，它们没有固定的起讫日期，学生随时可以开始学习，按照自己的进度提交作业，等等。罗亚（Loya）和其团队研究认真负责的行为对慕课完成率的影响，他们发现只有能够很好地掌握计划、自律和具有组织技能的学习者方能更好地得益于某些慕课的灵活性。❷

由此可见，从元认知的角度了解自己对这些技能的掌握程度很有必要。这一点也得到法斯胡丁等（Fasihuddin, Skinner and Athauda, 2013）的支持，他们认为有些学生喜欢按照自己的进度学习，对于他们而言，慕课的各种截止日期可能会给他们带来挑战。罗伯茨（2019）的研究则发现，虽然她自己更喜欢灵活性和低结构化，但是她因此而不能完成（实际上是没有开始学习）一门不设置固定起止日期的慕课。她认为自己需要结构化慕课的严格要求方能完成课程学习。慕课元认知框架针对灵活性的问题是：我偏好结构化课程还是截止日期灵活的课程？我是需要借助截止日期才能完成一项任务的人，还是更喜欢一个可以适应自己繁忙日程环境的人？

---

❶ WINTRUP J. WAKEFIELD K. MORRIS D, et al. Liberating Learning: Experiences of MOOCs [EB/OL]. （2022-10-20）[2022-10-25]. https://www.researchgate.net/publication/271739968_Liberating_Learning_experiences_of_MOOCs.

❷ LOYA A, GOPAL A, SHUKLA I, et al. Conscientious behaviour, flexibility and learning in massive open on-line courses [J]. Procedia Social and Behavioural Sciences, 2015, 191: 519-525.

（4）组织技能。

慕课有不同形式。如上所述，有些慕课有严格的起始日期和每周需要完成的学习任务的截止日期，以及课程终结性考试的日期。如果学生未能在要求时间内完成相应任务，他们便有可能通不过这门课程的考核。有些慕课则没有固定的起始日期和截止日期，学生可以自行决定何时开始学习并按照自己的进度安排学习。正如波克帕斯（Pokpas）的研究所发现的，除非学生有很强的组织能力并能够制订合适的计划，否则很可能完不成自定进度的慕课学习。由此可见组织技能的重要性。组织技能也与下文的时间管理相关。[1] 慕课元认知框架针对组织技能的问题是：现实中我的组织性和条理性如何？我是否有坚持按计划做事的习惯？

（5）自律。

完成一门慕课的学习任务要求学习者必须具备相对较高的自律能力。吉伦（Gillen, 2013）讨论了他自己学习慕课的四条重要经验，其中第二条经验认为自我激励和自律更为重要："面授课程的一个好处是（教师）能够期望学生会按时现身参加学习。的确，我在学习慕课过程中没有因逃课而觉得不安和内疚，以前读大学时就有这种感觉。因为我能在任何时候学习课程内容，所以很容易出现拖延。事实上，我现在还在学习的那门课程已经结束了，而我还在看最后几个星期的学习材料。这种拖延不是因为没有时间学习，比如我没有落下电视剧《行尸走肉》的播出，拖延是因为缺乏自律。"

罗伯茨（2019）也发现，因为缺乏自律，她甚至没有开始学习一门没有截止日期、学习时间灵活的慕课。慕课元认知框架针对自律的问题是：我是一个冲动的人还是理性的人？我有时是否不能控制自己的情绪？我是否需要立即得到满足，还是有大局观、能牺牲眼下以实现长远目标？

（6）自我效能感。

自我效能感指"相信自己有能力组织和执行所要求的行动以达成特定

---

[1] POKPAS. Towards a framework for the development of e–skills for digital inclusion in the western cape [EB/OL]. https：//etd.uwc.ac.za/xmlui/bitstream/handle/11394/4216/pokpas c msc ems 2014 1.pdf? sequence = 1&isAllowed = y.

目标"（Bandura，1997）。换言之，要相信自己，相信自己的努力足以克服困难。责任感强并且能够根据自身情况做出决定的人，其自我效能感也必定很强。蔡等（Tsai, Chuang and Liang, 2011）回顾了基于因特网的学习环境下自我效能感的研究文献，他们的结论是："学生的自我效能感对他们针对基于因特网的学习的态度以及对与之相关的过程和结果产生积极影响。"慕课元认知框架针对自我效能感的问题是：我有多大信心掌握这门课程的内容？哪怕这个学科对我而言有难度，我觉得自己能够完成课程学习吗？哪怕这意味着我要投入很多时间和做出很大努力，我相信自己有这个能力吗？

（7）反身性思考。

自我反思是学习者取得最佳学习效果的最重要手段之一，很大程度上在由学习者自我控制的环境下（如慕课）尤为如此。善于反思者会探索自己的学习经验，以便发现能提高今后学习效果的方法。慕课元认知框架针对反身性思考的问题是：我花时间对自己的动机和未来目标及计划进行深思熟虑了吗？我反思的问题并从中吸取经验教训以避免出现同样的问题了吗？

2. 有关目标的元认知知识

这方面的知识包括动机、成就目标、认证需求和对知识的热爱等主题。平特里克（Pintrich，2003）讨论了五种动机构念，包括兴趣、成就目标、价值信念、自我效能感和控制信念。慕课元认知框架（罗伯茨，2019）重点强调其中三个构念，即兴趣（包括对知识的热爱）、成就目标和自我效能感。

在决定是否学习一门慕课之前，我们必须考虑内在和外在的动机因素。如果我们想做某件事，觉得这件事有趣而去做，比如跳舞或听音乐，这就是内在动机，因为我们从中得到乐趣。有内在动机的人，其行为的动力来自自己想做某件事的愿望。而如果是因为做某件事能得到某种回报，比如去跑步是因为有益于健康，这就是外在动机。

慕课潜在学习者必须弄清自己想选修某门慕课的动机是什么，例如，是因为渴望掌握某一个学科的更多知识，还是为了能够"证明"已经掌握职场晋升所要求的知识？雅玛（Yama，2017）指出，如果想降低在线学习环境的辍学率，学生必须是出于内在动机学习。埃斯皮诺萨等（Espinosa，Sepúlveda and Montoya，2015）也持相同观点，因为他们的研究发现，学习者缺乏内在动机是慕课高辍学率的主要原因之一。对于不提供认证和颁发证书的慕课而言，其主要目的是使学习者能获得更多知识，学生的内在动机是学习这一类慕课的一个先决条件。慕课元认知框架针对动机的问题是：我为何考虑选这门慕课？

3. 有关任务的元认知知识

这里的"任务"指的是学生想报读的慕课。学生必须了解这门课程涉及的范围，包括涵盖什么内容。他们首先必须对所涉及的内容感兴趣，当然对知识的热爱和有学习的愿望也是必不可少的。换言之，他们应该是终身学习者。

瑞安和德西（Ryan and Deci，2000）指出："如果一个人对某项学习活动根本不感兴趣，他就不会有参与其中的内在动力。"这一点也与了解学生报读慕课的真正原因密切相关。安德森（Anderson，2013）认为，很多学生因为一开始对慕课内容感到好奇而报读该课程，但是他们并没有打算学习整门课程，他们可能只是对其中某些内容感兴趣而已。慕课元认知框架针对兴趣的问题是：这门慕课有什么东西使我对它产生兴趣？这是我特别感兴趣的一个学科吗？

4. 有关策略的知识

元认知运用的策略指的是完成一门完全在线慕课所需的技能和能力，包括时间管理技能、评估自己拥有技术情况的能力和数字素养技能。

（1）时间管理技能。

很多学生似乎低估成功学习一门慕课所需要投入的时间。他们把时间方面的建议仅看作所需时间的粗略提示。每一个学生都必须认真考虑自己能有多少时间用于学习，充分认识到时间保证是必不可少的。

当学生沉浸在学习慕课的兴奋中时，他们常常不由自主地同时报读多门课程，没有充分意识到自己是否能够保证投入所需时间。很多慕课有固定的、不能更改的时间安排（Onah, et al., 2014）。史密斯等（Smith, Murphy and Mahoney, 2003）指出，学生是否已经为在线学习做好准备不但受到其自我指导能力、动机、学习风格和体验的影响，而且涉及时间管理能力。这些方面的技能在慕课时代同样不可或缺。缺乏学习技能和良好工作习惯的学生有可能不能胜任慕课学习（Gutierrez–Rojas, Alario–Hoyos, Perez–Sanagus–tin, Leony and Delgado–Kloos, 2014）。有效的时间管理被视为一种关键学习技能。慕课元认知框架针对时间管理的问题是：我能有多少时间用在这门课程的学习上？我能用于这门课程学习的实际时间是否与课程提供者建议的学习时间一样？我是否有时间学习一门以上的慕课，是否应该把多门慕课分开安排在更长时间段学习？

（2）技术条件。

范·戴克和哈克（Van Dijk and Hacker, 2003）把在线学习的条件/障碍分为四种：①心理条件（psychological access）或障碍（barrier），指的是缺乏兴趣、电脑焦虑以及对新技术不感兴趣；②物质条件（material access）或障碍，指的是学生用不上电脑和必不可少的因特网连接；③技能条件（skills access）或障碍，指的是不懂得如何使用电脑，学习那些并非用户友好的慕课时碰到诸多困难；④使用条件（usage access）或障碍，指的是明显缺少使用机会。

慕课的潜在学习者必须知道慕课是纯在线课程，因此，除非他们能用得上所需的技术，否则他们是不可能顺利完成学习任务的。很多慕课利用视频播客、交互式活动和其他新兴技术，因此学生所使用的设备从硬件上讲必须能够支持这些教学设计。拥有支持慕课学习的相关技术工具便是范·戴克和哈克（Van Dijk and Hacker, 2003）所言的物质条件。

笔者观察自己机构的情况所得到的非正式证据表明，很多学生在回答问卷调查时表示知道自己学习的课程是纯在线课程，但是随后又抱怨他们没有手提电脑或用不上因特网。这个问题在很多发展中国家比较突出，因为它们没有可靠的宽带连接，而且费用高昂。罗伯茨（2019）的研究发现,虽然她拥有先进设备,在家里和工作单位均能用上 WiFi,但是她有时还会因碰到中断连接和硬件方面问题而多少感到沮丧。这些问题可能会导致学习者心烦气躁和懊恼,最终可能会中途退出学习。因此,评估自己拥有技术的情况,确保能够满足所要求的技术条件(包括上网条件),是非常必要的。慕课元认知框架针对技术条件的问题是:我拥有学习这门慕课所必需的技术设备吗?我一直都能方便上网吗?我在家里和(或)单位是否能上网还是不得不靠蹭 WiFi 热点上网?

(3) 数字素养技能。

不少研究者试图给数字素养下定义(Ilomäki、Pavola、Lakkala and Kantosalo, 2016; Pokpas, 2014; Stordy, 2015)。朱利恩(Julien, 2015)把数字素养定义为"以效果好、效率高、符合道德的方法获取数字信息所需的一系列技能、知识和态度"。

范·戴克和哈克(Van Dijk and Hacker, 2003)认为,在线学习的障碍之一——依此类推也是慕课学习的障碍之一,是学习者不具备所需的数字素养技能。他们称之为"技能条件"。这种情况在发展中国家尤为普遍,因为这些国家的学校基础设施落后,由此导致学生的数字素养水平不高。因此,实事求是地评估和判断个人的数字素养技能是为慕课学习做好准备的一项重要工作。慕课元认知框架针对数字素养技能的问题是:我的计算机技能如何?我会下载文件、网上搜索和使用社交媒体与人互动吗?

罗伯茨(2019)提出慕课元认知框架的主要目的是帮助可能成为慕课学习者的学生为即将开始的慕课学习做好准备。我们认为如果学生准备充分,对慕课学习的期望切合实际,那么他们的满意度也会随之提升。这反过来可能会促进慕课完成率的提高。

慕课元认知框架以弗拉维尔(Flavell)的元认知思维原则为理论基础,即有关自己个人、动机和目标、实际任务和完成任务所需的策略等方面的元认知知识。❶ 学习者首先要对自己有相应的了解,包括自己的性格、自

---

❶ FLAVELL, J. Metacognition and cognitive monitoring: a new area of cognitive-developmental inquiry [J]. American Psychologist, 1979, 34 (10): 906-911.

律能力、自我效能感、组织技能和学习风格等，对这些方面的了解是慕课元认知框架的基础。

在这个基础上，学习者必须进一步评估自己的动机和成就目标。这个框架强调要了解自己学习慕课的动机和希望达成的结果，比如把慕课学习当成终身学习的一种途径，为了满足自己的某一个爱好，出于专业发展需要，或是为了填补某方面知识的空白，等等。接着针对实际任务（慕课学习）提出一些需要学习者认真思考的问题，包括他们打算报读哪门慕课，这门慕课的内容是什么，课程的结构和教学设计如何；等等。

最后，学习者必须弄清楚他们打算使用哪些策略达成预期目标。这些是涉及时间管理、技术条件和数字素养技能的实际问题。一言以蔽之，慕课元认知框架的目的是帮助学习者避免因期望与现实存在差距而感到失望。

（二）研究发现

从上述的研究中，我们可以发现：

（1）慕课学习时，知识内化会直接负向影响元认知。

慕课学习在高等教育方面是未来深具潜力且不可忽视的重要趋势，本研究发现慕课学习时，知识内化对元认知产生负向且直接的影响，即不成熟的知识内化者，在学习时较少使用计划、监控或调整等元认知策略。

（2）慕课学习时，元认知会直接正向影响学习成效。

本研究发现，元认知会正向影响学习成效，亦即运用元认知策略能具体提升慕课学习时的心理学学习成效。

（3）慕课学习时，元认知是知识内化与学习成效之间的中介。

本研究发现，知识内化会对元认知与学习成效分别产生负向影响，但当后设认知同时进入模式，知识内化对学习成效的影响不再显著，显示元认知在知识信念与学习成效间扮演完全中介的角色。换言之，知识内化必须通过元认知，方能提升学习成效。

（4）学校教育宜强化知识内化以提升慕课学习的效能。

本研究发现，大学生在慕课学习时，知识内化会直接负向影响元认知，而元认知策略会直接影响学习成效。即在浩瀚网络信息海中学习，必须启动对知识本质、辩证、来源的知识内化反思，才能辩证认识以启动计划、监控及调整等元认知策略，进行高层次、有效能的学习。但是，从目前的情况来看，高校和大学生对知识内化的概念缺乏了解，因此，本研究结果对慕课教学具有一定的实践意义与价值。本研究也建议高校和社会中的高等教育工作者，通过正式课程或演讲、工作坊、研习、辅导等非正式学习，让学生摒除寻求绝对权威、确定知识或标准答案的心态，学习怀疑态度与检证的求知方法，由背诵孤立零碎知识蜕变为链接统整相关知识形成脉络，通过思考主动建构知识，应用探究比对及专家评估进行辩证，培养大学生慕课学习的成熟知识内化。

（5）元认知宜纳入大学教育及课程中，强化慕课学习时的元认知应用。

本研究发现，要提升大学生的学习成效，除了具备对网络知识本质与来源辩证看法的成熟知识内化外，在进行慕课学习时，计划、监控、调整之元认知是知识信念与学习成效的中介。换言之，若能妥善使用慕课学习元认知，将能有效提升心理学的学习成效与表现。网络是学习时不可或缺的工具与途径，但大学生却未必拥有网络元认知能力以了解与觉察自己认知历程并时时监控调整。因此，教师需有计划地教导大学生学习如何学的能力，同时让学生有实际演练后设认知技巧的机会。在网络搜寻前有意识规划并有目的地进行，对网络信息积极后设自询以了解自己的理解与困难。在网络搜寻或讨论分享过程中，时时检测评估判断知识或网站的可信度与正确性，提升学生通过网络觉察问题与解决问题的思维。而与同侪或他人进行网络沟通交流、讨论与合作时，专注致力学业相关的学习活动，并时时检核学习理解情形，判断能否达成学习目标。最后根据不同学习或需求而调整搜寻或讨论策略，以实质提升主动计划、监控与调整的学习的网络元认知能力。

本研究发现自编的"慕课学习认知信念量表"所显现的测量模型，仍具有持续改善的空间，尤其是认识的结构此一因素的因素负荷量偏低，显示可能有相当大的观察题项变异来自误差变异。此乃本研究的限制之一，据此建议在未来研究中，宜再思考知识内化中知识结构的概念，或修改调查工具的语句陈述方式，或审慎挑选施测对象，以尝试改善测量模型的建构问题。本研究采用修正的 Bloom 认知历程向度，包括记忆、了解、应用、分析、批判及创新所编写而成的题目，经统计分析结果，六个面向的因素负荷量介于 0.47~0.80，可抽取出学习成效此一潜在变项，此种对于学习成效的检核，可作为未来其他研究的参考。本研究调查样本性别比例相当悬殊，可能是由受限样本来自相关师范类院校的大学生，其男女样本比例不均所造成，也是本研究的限制之一。

参考文献

(一) 中文期刊

[1] 郭华. 带领学生进入历史:"两次倒转"教学机制的理论意义 [J]. 北京大学教育评论, 2016, 14 (2): 8-26.

[2] 郭剑鸣, 陈晓凤. 从培根到哈贝马斯:西方近现代政治与知识关系观的演变:对西方近现代知识政治学学术资源的探寻 [J]. 中共浙江省委党校学报, 2009 (4): 44-49.

[3] 郭晓明. 知识的意义性与"知识获得"的新标准 [J]. 华东师范大学学报 (教育科学版), 2004 (2): 14-21, 46.

[4] 何先友, 莫雷. 奥苏伯尔论认知结构、知识获得与课堂教学模式 [J]. 华南师范大学学报 (社会科学版), 1998 (3): 50-56.

[5] 核心素养研究课题组. 中国学生发展核心素养 [J]. 中国教育学刊, 2016 (10): 1-3.

[6] 阚维. 克服慕课学习的困境:从简单知识分享模式到知识内化提升模式 [J]. 高教探索, 2021 (1): 57-62, 69.

[7] 李高峰, 刘恩山. 前科学概念的研究进展 [J]. 内蒙古师范大学学报 (哲学社会科学版), 2007, 36 (4): 62-67.

[8] 李青, 王涛. MOOC:一种基于连通主义的巨型开放课程模式 [J]. 中国远程教育, 2012 (3): 30-36.

[9] 李颖. 默会知识论关照下的教师知识共享机制的生成 [J]. 当代教育科学, 2019 (5): 3-7, 24.

[10] 刘芳. 从"理性狂妄"到"相对泥潭":课程知识观嬗变的哲学考察 [J]. 教育研究, 2019, 40 (8): 59-67.

[11] 刘硕. "重建知识概念"辨[J]. 教育学报, 2006, 2 (1): 48-53.

[12] 潘洪建. 知识获得: 积极内化、主动生成、合作建构[J]. 新疆师范大学学报（哲学社会科学版）, 2004, 25 (2): 152-155.

[13] 王道俊. 知识的教育价值及其实现方式问题初探: 兼谈对杜威教育思想的某些认识[J]. 课程·教材·教法, 2011, 31 (1): 14-32, 43.

[14] 王慧敏, 陈丽. cMOOC微信群社会网络特征及其对学习者认知发展的影响[J]. 中国远程教育. 2019 (11): 15-23.

[15] 王健, 郝银华, 卢吉龙. 教学视频呈现方式对自主学习效果的实验研究[J]. 电化教育研究, 2014 (3). 93-99.

[16] 王永固, 张庆. MOOC: 特征与学习机制[J]. 教育研究, 2014 (9): 112-120, 133.

[17] 王志军, 陈丽. 联通主义学习理论及其最新进展[J]. 开放教育研究, 2014, 20 (5): 11-28.

[18] 魏江, 王艳. 企业内部知识共享模式研究[J]. 技术经济与管理研究, 2004 (1): 68-69.

[19] 吴刚平. 知识分类视野下的记中学、做中学与悟中学[J]. 全球教育展望, 2013, 42 (6): 10-17.

[20] 吴维宁. 大规模网络开放课程（MOOC）: Coursera评析[J]. 黑龙江教育（高教研究与评估）, 2013 (2): 39-41.

[21] 伍远岳. 知识获得及其标准研究[D]. 武汉: 华中师范大学, 2015.

[22] 闫芬, 陈国权. 实施大规模定制中组织知识共享研究[J]. 管理工程学报, 2002 (3): 39-44.

[23] 袁松鹤, 刘选. 中国大学MOOC实践现状及共有问题: 来自中国大学MOOC实践报告[J]. 现代远程教育研究, 2014 (4): 3-12, 22.

[24] 詹文杰. 如何理解柏拉图的"知识"和"信念"？[J]. 世界哲学, 2014 (1): 24-34, 160.

[25] 张春莉, 程黎, 王本陆, 等. 青少年创新素质模型的理论构建[J]. 北京教育学院学报（社会科学版）, 2018 (3): 28-34.

[26] 张婧婧, 杨业宏. MOOCs话语的主题分布与演化发展[J]. 中国远程教育（综合版）, 2021 (9): 59-68.

[27] 张男星, 饶燕婷. "慕课"（MOOCs）带给中国大学的挑战与机遇: 访上海交通

大学校长张杰[J].大学(学术版),2014(1):4-15.

[28] 周洁,徐文龙.基于MOOCs环境中的成人自我导向学习研究[J].成人教育,2020,40(7):14-19.

[29] 周天梅.论知识内化教学:一个素质教育的关键问题[J].西南民族学院学报(哲学社会科学版),2001,22(8):208-211.

(二)中文论著、译著

[1] 瓦兹沃思 B J.皮亚杰的认知和情感发展理论[M].徐梦秋,沈明明,译.厦门:厦门大学出版社,1989.

[2] 阿尔伯特·班杜拉.社会学习理论[M].陈欣银,李伯黍,译.北京:中国人民大学出版社,2015.

[3] 蔡铁权,姜旭英,胡玫.概念转变的科学教学[M].北京:教育科学出版社,2009.

[4] 陈洪捷.德国古典大学观及其对中国的影响[M].北京:北京大学出版社,2002.

[5] 丛立新.沉默的权威:中国基础教育教研组织[M].北京:北京师范大学出版社,2011.

[6] 哈罗德·孔茨,海因茨·韦里克.管理学:国际化与领导力视角[M].9版.马春光,译.北京:中国人民大学出版,2014.

[7] 亨宁·罗宾.恩格尔巴特的梦:计算机是如何减轻我们阅读和写作负担的?[M].余荃,译.北京:电子工业出版社,2019.

[8] 胡军.知识论[M].北京:北京大学出版社,2006.

[9] 简妮·爱丽丝·奥姆罗德.学习心理学[M].6版.汪玲,李燕平,廖凤林,等译.北京:中国人民大学出版社,2015.

[10] BONK C J,LEE M M,REEVES T C,等.慕课和全球开放教育[M].焦建利,等译.上海:华东师范大学出版社,2018.

[11] 理查德·E.迈耶.多媒体学习[M].牛勇,邱香,译.北京:商务印书馆,2006.

[12] 黄明,梁旭,谷晓琳.大型开放式网络课程MOOC概论[M].北京:电子工业出版社,2015.

[13] 马斯洛.马斯洛的人本哲学[M].刘烨,编译.呼和浩特:内蒙古文化出版

社，2008．

[14] 鲁道夫·阿恩海姆．视觉思维：艺术设计、美学相关学科必读书 [M]．滕守尧，译．成都：四川人民出版社，2019．

[15] STERBERG R J, WILLIAMS W M．教育心理学 [M]．张厚粲，译．北京：中国轻工业出版社，2003．

[16] 洛林·W. 安德森．布卢姆教育目标分类学：分类学视野下的学与教及其测评 [M]．修订版，完整版．蒋小平，张琴美，罗晶晶，译．北京：外语教学与研究出版社，2009．

[17] SPRENGER M．脑的学习与记忆 [M]．脑科学与教育应用研究中心，译．北京：中国轻工业出版社，2005．

[18] 皮连生．学与教的心理学 [M]．5 版．上海：华东师范大学出版社，2009．

[19] 皮亚杰．发生认识论原理 [M]．王宪钿，等译．北京：商务印书馆，1981．

[20] 萨尔曼·可汗．翻转课堂的可汗学院：互联时代的教育革命 [M]．刘婧，译．杭州：浙江人民出版社，2014．

[21] 施良方．学习论：学习心理学的理论与原理 [M]．北京：人民教育出版社，1994．

[22] 石中英．知识转型与教育改革 [M]．北京：教育科学出版社，2001．

[23] 吴剑平，赵可，等．大学的革命：MOOC 时代的高等教育 [M]．北京：清华大学出版，2014．

[24] 亚里士多德．形而上学 [M]．吴寿彭，译．北京：商务印书馆，1959．

[25] 野中郁次郎，竹内弘高．创造知识的企业：领先企业持续创新的动力 [M]．吴庆海，译．北京：人民邮电出版社，2019．

[26] 伊万·伊里奇．去学校化社会 [M]．吴康宁，译．北京：中国轻工业出版社，2017．

[27] 约翰·汉尼斯．要领：斯坦福校长领导十得 [M]．杨斌，等译．杭州：浙江教育出版社，2020．

[28] 约翰·亨利·纽曼．大学的理念 [M]．北京：中国人民大学出版社，2012．

[29] 约翰·S. 布鲁贝克．高等教育哲学 [M]．王承绪，郑继伟，张维平，等译．杭州：浙江教育出版社，2001．

[30] 中国大百科全书总编辑委员会．中国大百科全书：教育 [M]．北京：中国大百科全书出版社，2004．

(三) 英文期刊

［1］ANDERSON J R. Acquisition of cognitive skill ［J］. Psychological Review, 1982 (89): 369 – 406.

［2］ANDREWS K M, DELAHAVE B L. Influences on knowledge processes in organizational learning: The psychological filter ［J］. Journal of Management Studies, 2000 (6): 797 – 810.

［3］BARTOL K M, SRIVASTAVA A. Encouraging knowledge sharing: The role of organizational reward systems ［J］. Journal of Leadership & Organizational Studies, 2002, 9 (1): 64 – 76.

［4］BARTOL K M, SRIVASTAVA A S. Encouraging knowledge sharing: The role of organizational reward system ［J］. Journal of Leadership & Organizational Studies, 2002, 9 (1): 64.

［5］BEREITER G. Toward a Solution of the Learning Paradox ［J］. Review of Educational Research, 1985, 55 (2): 201 – 226.

［6］BLOOM B S. The 2 sigma problem: The search for methods of group instruction as effective as one – to – one tutoring ［J］. Educational Researcher, 1984, 13 (6): 4 – 16.

［7］BORKO H, LIVINGSTON C. Cognition and Improvisation: Differences in Mathematics Instruction by Expert and Novice Teachers ［J］. American Educational Research Journal, 1989, 26 (4): 473 – 498.

［8］BRAUN V, CLARKE V. Using thematic analysis in psychology ［J］. Qualitative Research in Psychology, 2006, 3 (2): 77 – 101.

［9］CARAMAZZA A, MCCLOSKEY M, Green B. Naive beliefs in "sophisticated" subjects: misconceptions about trajectories of objects ［J］. Cognition, 1981, 9 (2): 117 – 123.

［10］CASWELL T, HENSON S, JENSEN M, et al. Open content and open educational resources: Enabling universal education ［J］. The International Review of Research in Open and Distance Learning. 2008: 9 (1): 1 – 11.

［11］CHI, M T H, SLOTTA J D, D E LEEUW N. From things to processes: A theory of conceptual change forlearning science concepts ［J］. Learning and Instruction, 1994, 4 (1): 27 – 43.

[12] DESLAURIERS L, SCHELEW E, WIEMAN C. Improved learning in a large – enrollment physics class [J]. Science, 2011, 332 (6031): 862 – 864.

[13] DESTEFANO D, LEFEVRE J A. Cognitive load in hypertext reading: A review [J]. Computers in Human Behavior, 2007, 23 (3): 1616 – 1641.

[14] DRIVER R, OLDHAM V. A constructivist approach to curriculum development in science [J]. Studies in Science Education, 1986, 13: 105 – 122.

[15] FLAVELL J. Metacognition and cognitive monitoring: A new area of cognitive – developmental inquiry [J]. American Psychologist, 1979, 34 (10): 906 – 911.

[16] GORRELL G, EAGLESTONE B, FORD N, et al. Towards "metacognitively aware" IR systems: An initial user study [J]. Journal of Documentation, 2009, 65 (3): 446 – 469.

[17] HENDRIKS P. Why share knowledge? The influence of ICT on the motivation for knowledge sharing [J]. Knowledge and Process Management, 1999, 6 (2): 91 – 100.

[18] HOFER K B, PINTRICH R P. The development of Epistemological theories: Beliefs about knowledge and knowing and their relation to learning [J]. Review of Educational Research, 1997, 67 (1): 88 – 140.

[19] IPE M. Knowledge sharing in organizations: A conceptual framework [J]. Human Resource Development Review, 2003, 2 (4): 337 – 359.

[20] KARPICKE J D, Blunt J R. Retrieval practice produces more learning than elaborative studying with concept mapping [J]. Science, 2011, 331 (6018): 772 – 775.

[21] KARPICKE J D, Roediger H L. The critical importance of retrieval for learning [J]. Science, 2008, 319 (5865): 966 – 968.

[22] KAY R H. Exploring the use of video podcasts in education: A comprehensive review of the literature [J]. Computers in Human Behavior, 2007, 23 (5): 820 – 831.

[23] KINTSCH W, VAN DIJK T A. Toward a model of text comprehension and production [J]. Psychological Review, 1978, 85 (5): 363 – 394.

[24] KNIGHT J. What can we do about teacher resistance [J]. Phi Delta Kappan, 2009, 90 (7): 508 – 513.

[25] LARKIN J H, REIF F. Analysis and teaching of a general skill for scientific text [J]. Journal of Educational Psychology, 1976, 68 (4): 431 – 440.

[26] MASON L, BOLDRIN A. ARIASI N. Epistemic metacognition in context: Evaluating and

learning online information [J]. Metacognition and Learning, 2010, 5 (1): 67-90.

[27] MAYER R E, MORENO R. Nine ways to reduce cognitive load in multimedia learning [J]. Educational Psychologist, 2003, 38 (1): 43-52.

[28] NONAKA, K. A Firm as A Knowledge-creating Entity: A new respective on the theory of the firm [J]. Industrial and Corporate Change, 2000, 9 (1): 1-20.

[29] PANAHI S, WATSON J, PARTRIDGE H. Social media and tacit knowledge sharing: Developing a conceptual model [J]. World Academy of Science, Engineering and Technology, 2012 (64): 1095-1102.

[30] PARSLOW G R. Commentary: The Khan Academy and the day-night flipped classroom [J]. Biochemistry and Molecular Biology Education, 2012: 40 (5): 337-338.

[31] PINTRICH P R. A motivational science perspective on the role of student motivation in learning and teaching contexts [J]. Journal of Educational Psychology, 2003, 95 (4): 667-686.

[32] POSNER M I, ROTHBART M K. Research on attention networks as a model for the integration of psychological science [J]. Annual Review of Psychology, 2007, 58 (1): 1-23.

[33] ROBINSON R. Calibrated Peer Review^{TM}: An application to increase student reading & writing skills [J]. The American Biology Teacher, 2001, 63 (7): 474-480.

[34] RULKE D L, ZAHEER S, ANDERSON M H. Sources of managers' knowledge of organizational capabilities [J]. Organizational Behavior and Human Decision Processes, 2000, 82 (1): 134-149.

[35] SADLER P M, GOOD E. The impact of self-and peer-grading on students learning [J]. Educational Assessment, 2006: 11 (1): 1-31.

[36] SWELLER J. Cognitive load during problem solving: Effects on learning [J]. Cognitive Science, 1988 (12): 257-285.

[37] VOSNIADON S, IOANNIDES. From conceptual development to science education: A psychological point of view [J]. International Journal of Science Education, 1998, 20 (10): 1213-1230.

[38] VOSNIADOU S, BREWER W F. Mental models of the earth : A Study of conceptual change in childhood [J]. Cognitive Psychology, 1992, 24 (4): 535-585.

[39] MACKNESS J, WAITE M, ROBERTS G, et al. Learning in a small, task-oriented,

connectivist MOOC: Pedagogical issues and implications for Higher Education [J]. International Review of Research in Open and Distance Learning, 2013, 14 (4): 140 – 159.

[40] WHITLEY R. Varieties of knowledge and their use in business and management studies: Conditions and institutions [J]. Organization Studies, 2008, 29 (4): 581 – 609.

[41] WIIG K M, HOOG R D, SPEK R V D. Supporting knowledge management: A selection of methods and techniques [J]. Expert Systems With Applications, 1997, 13 (1): 15 – 27.

[42] WOLTERS C A, PINTRICH P R. Contextual differences in student motivation and self – regulated learning in mathematics, English, and social studies classrooms [J]. Instructional Science, 1998 (26): 27 – 47.

(四) 英文专著

[1] DAVENPORT T H, PRUSAK L. Working Knowledge: How Organizations Manage What They Know [M]. Boston: Harvard Business School Press, 1998.

[2] DUIT R. Bibliography: Students' and Teachers' Conceptions and Science Education [M]. Kiel, Germay: University of Kiel, 2009.

[3] HARLEY D, ACORD S K, KING C J, et al. Assessing the Future Landscape of Scholarly Communication: An Exploration of Faculty Values and Needs in Seven Disciplines [M]. UC Berkeley: Center for Studies in Higher Education, 2010.

[4] HAWKINS J A. Definiteness and Indefiniteness: A Study in Reference and Grammaticality Prediction [M]. London: Rout Ledge, 1978.

[5] MASLOW A H. Motivation and Personality [M]. New York: Harper and Row, 1954.

[6] MASLOW A H. Motivation and Personality [M]. 2nd ed. New York: Harper and Row, 1970.

[7] MAYER R E. Multimedia Learning [M]. 2nd ed. New York: Cambridge University Press, 2009.

[8] NIEDERGASSE B. Knowledge Sharing in Research Collaborations: Understanding the Drivers and Barriers [M]. Wiesbaden: Gabler Verlag, 2011.

[9] NONAKA I. TAKEUCHI H. The Knowledge – Creating Company: How Japanese Companies Create the Dynamics of Innovation [M]. New York: Oxford University Press,

1995.

[10] RYLE G. The Concept of Mind [M]. Chicago: University of Chicago Press, 2000.

[11] SENGE P M, JOHN S D. In Transforming Organizations [M]. New York: Oxford University Press, 1992.

[12] SNOW R, O'CONNOR B, JURAFSKY D, et al. Cheap and Fast: But is it Good? Evaluating Non – Expert Annotations for Natural Language Tasks [C] //LAPATA M, HUANG H T. EMNLP 08: Proceedings of the Conference on Empirical Methods in Natural Language Processing. Stroudsburg, PA: Association for Computational Linguistics. 2008: 254 – 263.

[13] STERNBERG R J. Cognitive Theory [M]. 3rd ed. Belmont, CA: Thomson Wadsworth, 2003.

[14] TREGUEST D F. The Role of Multiple Representations in Learning Science: Enhancing Students' Conceptual Understanding and Motivation [M] //LEE Y J, TAN A L. Science Education at the Nexus of Theory and Practice. London: Sage, 2008: 7 – 23.